新三板企业违法违规案例剖析

上海上市公司协会

编著

东南大学出版社
·南京·

图书在版编目(CIP)数据

新三板企业违法违规案例剖析/上海上市公司协会编著. —南京:东南大学出版社,2016.11
 ISBN 978-7-5641-6774-5

Ⅰ.①新… Ⅱ.①上… Ⅲ.①上市公司—经济犯罪—案例—中国 Ⅳ.①D924.335

中国版本图书馆 CIP 数据核字(2016)第 277300 号

新三板企业违法违规案例剖析

出版发行	东南大学出版社
社　　址	南京市四牌楼 2 号　邮编　210096
出 版 人	江建中
网　　址	http://www.seupress.com
电子邮箱	press@seupress.com
经　　销	全国各地新华书店
印　　刷	南京玉河印刷厂
开　　本	700mm×1000mm　1/16
印　　张	16.25
字　　数	254 千
版　　次	2016 年 11 月第 1 版
印　　次	2016 年 11 月第 2 次印刷
书　　号	ISBN 978-7-5641-6774-5
定　　价	58.00 元

本社图书若有印装质量问题,请直接与营销部联系。电话(传真):025-83791830

编 委 会

主 任：钱 衡

副主任：冯震宇 史美健

编 委(按姓氏拼音排序)：
  葛加国 韩 洋 林 恳 钱宇辰
  秦晓怡 谭庆飞 王剑煜 王亚君
  于进洋 张丹璐 张 娟 张思蕾
  张 欣

序

自2012年9月股转公司成立以来,我国新三板市场规模不断扩大,交易金额不断提高,市场功能不断完善,已成为支持中小企业融资的重要力量。截止到2016年7月初,挂牌企业已逾7,700家,且始终保持高速增长趋势。由于我国新三板市场起步较晚,在高速发展的同时,难免会出现部分违法违规的乱象。为了确保市场合法合规运行,股转公司紧抓市场建设,加强自律监管,坚持依法治市,维护市场公开、公平和公正的秩序,保障投资者及其他市场主体的合法权益,促进了市场健康发展。特别是2015年以来,股转公司以建章立制为重点,分步开展了自律监管工作,并查处了一批典型案件,针对不同情况实施了不同程度的纪律处分。

在上述背景下,上海上市公司协会组织编著了《新三板企业违法违规案例剖析》。本书针对目前新三板市场中存在的不同类型违法违规行为,深入浅出地介绍了每一类违法违规行为的定义、分类和惯用手法,从不同角度加以评析,同时对相关法律法规进行了梳理。

在具体的案例分析中,本书主要选取2012年以来新三板市场中较为典型的违法违规案例,通过"案情介绍""违规处罚或监管措施""案例分析"和"案例启示"4个栏目,指出了当前新三板挂牌企业形形色色的违法违规手段、方式和特点,列举了证监会和股转公司对违法违规行为的调查和处罚情况,剖析了违法违规行为及其影响,并揭示了案例对市场各参与主体的重要启示,以防微杜渐,避免类似的情况再发生。

本书的意义在于:一是供监管机构在监管违法违规行为时作为参

考;二是给挂牌企业董事会、监事会及董秘等高管人员作为学习和培训的材料;三是让主办券商在督导挂牌企业时重点关注容易出现违法违规现象的风险点并协助企业依法合规经营;四是为证券从业人员和相关研究人员提供新三板市场研究方面的素材。

以铜为鉴,可以正衣冠;以人为鉴,可以明得失。借付梓出版之际,本书希望通过对市场违法违规行为的梳理与分析,加强新三板市场各参与主体的法制意识,减少市场违法违规现象,为新三市场的稳步健康可持续发展略尽绵薄之力。对新三板市场而言,只要砥砺前行,在不远的将来必有更广阔的天空。

目 录

绪论 ·· 1

第一章 新三板市场违法违规概况与处罚流程 ················· 5

（一）新三板市场违法违规行为概况 ······························· 5
    1. 新三板市场违法违规概况 ······································ 5
    2. 新三板市场违法违规的类型及特点 ························· 7
    3. 转让和交易过程违法违规 ······································ 9

（二）挂牌企业违法违规处罚流程 ································· 10
    1. 出具处罚或监管措施的机构概述 ·························· 10
    2. 违法或违规行为的查处 ······································· 11
    3. 行政处罚、行政监管措施的作出 ·························· 12

第二章 信息披露违规 ··· 15

（一）信息披露违规释义 ·· 15
（二）信息披露违规的惯用手法 ···································· 16
    1. 虚假记载 ··· 17
    2. 误导性陈述 ··· 17
    3. 重大遗漏 ··· 17
    4. 延迟披露 ··· 18

（三）案例1：A公司信息披露不规范 ···························· 19
    1. 案情介绍 ··· 19
    2. 违规处罚或监管措施 ·· 20

3. 案例分析 ······ 22
4. 案例启示 ······ 25

(四) 案例2: B公司未披露关联交易 ······ 27
    1. 案情介绍 ······ 27
    2. 违规处罚或监管措施 ······ 28
    3. 案例分析 ······ 29
    4. 案例启示 ······ 31

(五) 案例3: C公司隐藏资金占用信息未披露 ······ 32
    1. 案情介绍 ······ 32
    2. 违规处罚或监管措施 ······ 33
    3. 案例分析 ······ 37
    4. 案例启示 ······ 38

(六) 案例4: D公司对外信息披露不一致 ······ 39
    1. 案情介绍 ······ 39
    2. 违规处罚或监管措施 ······ 40
    3. 案例分析 ······ 43
    4. 案例启示 ······ 45

(七) 案例5: E公司财务数据披露错误 ······ 46
    1. 案情介绍 ······ 46
    2. 违规处罚或监管措施 ······ 47
    3. 案例分析 ······ 50
    4. 案例启示 ······ 51

(八) 案例6: F公司披露信息不完整 ······ 52
    1. 案情介绍 ······ 52
    2. 违规处罚或监管措施 ······ 53
    3. 案例分析 ······ 56
    4. 案例启示 ······ 59

(九) 相关法律法规梳理 ······ 59

（十）部分挂牌企业信息披露违规案例统计 ………………… 71

第三章 操纵市场 …………………………………………… 81
（一）操纵市场的释义 …………………………………………… 81
（二）操纵市场行为的惯用手法 ………………………………… 82
    1. 连续交易 …………………………………………………… 83
    2. 约定交易 …………………………………………………… 84
    3. 自买自卖 …………………………………………………… 84
    4. 蛊惑交易 …………………………………………………… 85
    5. 抢先交易 …………………………………………………… 85
    6. 虚假申报 …………………………………………………… 86
    7. 特定价格 …………………………………………………… 86
    8. 特定时段交易 ……………………………………………… 87
（三）案例7：G公司股东操纵挂牌企业股价 ………………… 87
    1. 案情介绍 …………………………………………………… 87
    2. 违规处罚或监管措施 ……………………………………… 88
    3. 案例分析 …………………………………………………… 92
    4. 案例启示 …………………………………………………… 95
（四）案例8：市场投资者"H帮"操纵多个挂牌企业股价 …… 96
    1. 案情介绍 …………………………………………………… 96
    2. 违规处罚或监管措施 ……………………………………… 98
    3. 案例分析 …………………………………………………… 107
    4. 案例启示 …………………………………………………… 110
（五）相关法律法规梳理 ………………………………………… 111
（六）部分挂牌企业操纵市场案例统计 ………………………… 117

第四章 违法违规减持 ……………………………………… 118
（一）违法违规减持的释义 ……………………………………… 118

（二）违法违规减持的惯用手法 ················· 118
1. 超比例减持 ································ 118
2. 限制转让期限内减持 ·························· 119
3. 窗口期减持 ································ 119
4. 短线交易 ·································· 120
5. 违反承诺减持 ······························ 120

（三）案例9：I公司多次减持未披露 ··············· 121
1. 案情介绍 ·································· 121
2. 违法违规处罚或监管措施 ······················ 126
3. 案例分析 ·································· 129
4. 案例启示 ·································· 130

（四）案例10：J公司高管超比例减持 ··············· 131
1. 案情介绍 ·································· 131
2. 违法违规处罚或监管措施 ······················ 134
3. 案例分析 ·································· 134
4. 案例启示 ·································· 135

（五）案例11：K公司高管限售期内减持 ············· 136
1. 案情介绍 ·································· 136
2. 违法违规处罚或监管措施 ······················ 140
3. 案例分析 ·································· 141
4. 案例启示 ·································· 142

（六）相关法律法规梳理 ························ 142

第五章 财务造假 ································ 147
（一）财务造假的释义 ·························· 147
1. 财务造假的定义 ···························· 147
2. 财务造假的特征 ···························· 148

（二）财务造假惯用手法 ························ 150

1. 虚构交易事项 ·· 150
2. 恶意利用会计政策和制度实施财务造假行为 ······················ 150
3. 通过关联交易来进行财务造假行为 ································ 150
4. 通过制造非经常性收益来掩盖真实的营业亏损 ··················· 151
5. 虚增资产 ··· 151
6. 提前确认收入 ·· 151
7. 延迟确认费用 ·· 151
8. 虚夸企业所投资项目的未来收入预期 ····························· 152

（三）案例12：L公司以不公允价格虚增收入 ···························· 152
1. 案情介绍 ··· 152
2. 违规处罚或监管措施 ·· 154
3. 案例分析 ··· 157
4. 案例启示 ··· 158

（四）案例13：M公司财务报表被督导券商"不予认可" ················ 159
1. 案情介绍 ··· 159
2. 违规处罚或监管措施 ·· 161
3. 案例分析 ··· 161
4. 案例启示 ··· 161

（五）相关法律法规梳理 ·· 162

第六章 控股股东违规占用公司资金 ································· 165

（一）违规行为释义 ··· 165
1. 控股股东违规占用资金的定义 ····································· 165
2. 影响控股股东违规占用资金的常见因素 ·························· 166

（二）违规占用公司资金的惯用手法 ···································· 167
1. 借款 ··· 167
2. 贷款 ··· 168
3. 以"代"的形式 ·· 168

(三) 案例14：N公司董事长借款偿还个人债务 ······ 169
1. 案情介绍 ······ 169
2. 违规处罚或监管措施 ······ 170
3. 案例分析 ······ 173
4. 案例启示 ······ 174

(四) 案例15：O公司董事长屡次挪用公司资金还债 ······ 176
1. 案情介绍 ······ 176
2. 违规处罚或监管措施 ······ 177
3. 案例分析 ······ 180
4. 案例启示 ······ 181

(五) 案例16：P公司未披露关联方占用公司资金 ······ 181
1. 案情介绍 ······ 181
2. 违规处罚或监管措施 ······ 182
3. 案例分析 ······ 184
4. 案例启示 ······ 184

(六) 案例17：Q公司关联交易违规占用公司资金 ······ 185
1. 案情介绍 ······ 185
2. 违规处罚或监管措施 ······ 186
3. 案例分析 ······ 187
4. 案例启示 ······ 188

(七) 案例18：R公司违规担保案 ······ 188
1. 案情介绍 ······ 188
2. 违规处罚或监管措施 ······ 190
3. 案例分析 ······ 190
4. 案例启示 ······ 191

(八) 案例19：S公司关联方违规占用资金 ······ 192
1. 案情介绍 ······ 192
2. 违规处罚或监管措施 ······ 193

3. 案例分析 ··· 195

 4. 案例启示 ··· 195

 (九) 相关法律法规梳理 ·· 196

 (十) 部分挂牌企业控股股东违规占用资金案例统计 ············ 200

第七章 违规使用募集资金 ·· 203

 (一) 违规使用募集资金的释义 ······································ 203

 (二) 违规行为的惯用手法 ·· 204

 1. 未按规定使用募集资金 ······································· 204

 2. 未按要求进行信息披露 ······································· 205

 3. 未履行规定的审批程序 ······································· 205

 (三) 案例20：T公司取得股份登记函之前使用发行募集的资金
 ··· 205

 1. 案情介绍 ··· 205

 2. 违规处罚或监管措施 ··· 206

 3. 案例分析 ··· 207

 4. 案例启示 ··· 208

 (六) 案例21：U公司提前使用募集资金购买理财产品 ········ 208

 1. 案情介绍 ··· 208

 2. 违规处罚或监管措施 ··· 210

 3. 案例分析 ··· 212

 4. 案例启示 ··· 212

 (七) 相关法律法规梳理 ·· 213

 (八) 部分挂牌企业违规使用募集资金案例统计 ················ 215

第八章 定增违规 ··· 220

 (一) 定增违规的释义 ·· 220

 (二) 定增违规的种类 ·· 220

1. 定增价格不符合规定 ………………………………… 220
2. 股票发行不符合监管规则 …………………………… 221
3. 定增进程时间安排不合规 …………………………… 221

（三）案例22：V公司定增不符合监管要求 ……………… 222
1. 案情介绍 ……………………………………………… 222
2. 违规处罚或监管措施 ………………………………… 223
3. 案例分析 ……………………………………………… 223
4. 案例启示 ……………………………………………… 224

（四）相关法律法规梳理 …………………………………… 225

结论 ……………………………………………………………… 236

参考文献 ………………………………………………………… 240

图 表 目 录

图 1　挂牌企业挂牌家数变化 ················· 2
图 2　挂牌企业市值变化(亿元) ··············· 2
图 3　挂牌企业行业分布(按公司数目) ········· 3
图 4　挂牌企业行业分布(按总资产) ··········· 3
图 5　挂牌企业股票发行情况 ················· 3
图 6　新三板交易情况 ······················· 4
图 7　股转公司年度违规处理数据 ············· 6
图 8　股转公司对违规处理数据表 ············· 7
图 9　挂牌企业违规类型 ····················· 8
图 10　违规处理次数 ························ 10

表 1　部分挂牌企业信息披露违规案例统计 ··············· 71
表 2　部分挂牌企业操纵市场案例统计 ··················· 117
表 3　I公司限售股与无限售股股本结构(截至2015年年底) ··· 121
表 4　I公司前五大股东情况(截至2015年年底) ··········· 122
表 5　I公司实际控制人及一致行动人股份转让情况 ········· 125
表 6　J公司限售股与无限售股股本结构(截至2015年年底) ··· 132
表 7　J公司前五大股东持股情况(截至2015年年底) ········· 132
表 8　J公司2015年上半年董监高股份转让情况 ············ 133
表 9　K公司限售股与无限售股股本结构(截至2015年年底) ··· 137
表 10　K公司股本结构(截至2015年年底) ················ 138
表 11　K公司高管持股情况(截至2014年年底) ············ 138
表 12　K公司2015年高管变动情况 ······················ 139

表 13	K 公司 2015 年高管持股情况	140
表 14	部分挂牌企业违规减持案例统计	146
表 15	部分挂牌企业控股股东违规占用资金案例统计	200
表 16	募集资金使用用途及相关要求	203
表 17	部分挂牌企业违规使用募集资金案例统计	215

绪　　论

全国中小企业股份转让系统(以下简称"新三板"或"新三板市场")是经国务院批准设立的全国性证券交易场所,是在原有主板、中小板、创业板等市场的基础上为解决中小企业股权流转和融资交易提供的平台和场所。新三板市场的出现进一步丰富了我国多层次资本市场体系。目前,新三板市场由全国中小企业股份转让系统有限责任公司(以下简称"股转公司")负责运营。

新三板市场从2006年开始试点,在中国证券监督管理委员会(以下简称"证监会")的支持下,2012年开始快速发展,2013年股转公司正式运营,2014年进入加速扩容阶段。2014年证券公司参与新三板做市商交易细则的落地,标志着我国新三板市场取得了里程碑式的重大发展,此后,无论是从企业挂牌数量,还是从市场成交量、融资规模等方面,新三板市场均较此前实现了大幅增长。新三板支持中小企业创业创新的规模效益已逐渐开始显现,对市场发展产生了深远影响。

一是在新三板市场挂牌的企业(以下简称"挂牌企业")数量迅猛增长,新三板市场规模迅速扩张。截至2016年6月底,新三板市场的挂牌企业数量共计7,685家,其中做市转让企业1,570家,占比20.4%,协议转让企业6,115家,占比79.6%,且新三板市场总股本已达4,635亿股,总市值为31,081.9亿元,平均市盈率为17.71倍。2015年初至2016年6月,新三板市场挂牌企业的数量扩充了近6,000家,总市值增加了近5倍,市场规模呈几何式增长(见图1、图2)。

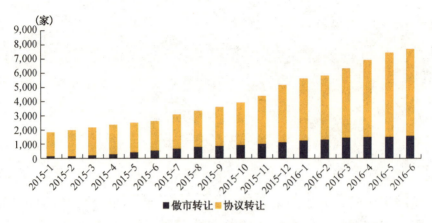

图 1　挂牌企业挂牌家数变化

资料来源：股转公司

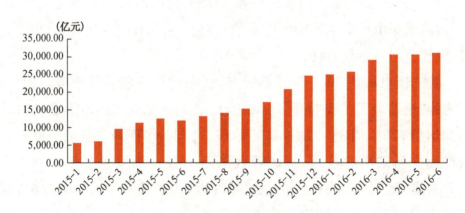

图 2　挂牌企业市值变化（亿元）

资料来源：股转公司

二是新兴行业的挂牌企业在新三板市场中占主流。除规模迅速扩张以外，挂牌企业的行业分布也呈现出明显的创新特征。截至2016年6月底，挂牌企业以工业、信息技术、非日常生活消费品行业和原材料等行业为主，占比约81%。工业与信息技术板块占比约56%。从挂牌数量、市值、营业收入、净利润四方面比较来看，新兴行业始终占据市场的主流地位。由此可见，新三板为创新型中小企业提供融资支持，其呈现的新业态已充分反映了中国"新常态"背景下经济时代的特征（见图3、图4）。

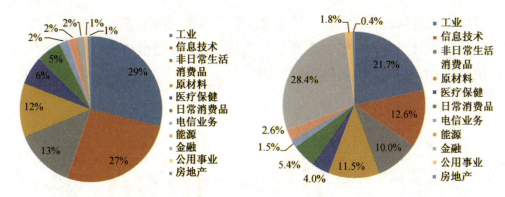

图3 挂牌企业行业分布(按公司数目)　　图4 挂牌企业行业分布(按总资产)

资料来源:万得资讯　　　　　　　　　　资料来源:万得资讯

三是一级市场募集资金增长显著,融资效应逐渐显现。据统计,2015年挂牌企业通过发行股份累计募集资金达到1,216.17亿元,是2014年的9倍多;共发行了2,565次,接近2014年的8倍;共发行230.79亿股,也接近2014年的9倍,融资功能呈现爆发式增长(见图5)。

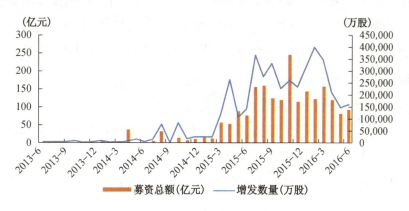

图5 挂牌企业股票发行情况

资料来源:万得资讯

四是市场交易由冷变热,成交量与上年同期相比有明显提升。2015年,新三板总成交额达1,910.6亿元,是2014年的14.7倍;成交数量为278.9亿股,是2014年的12.2倍;成交笔数达282.1万笔,是2014年的30.7倍;换手率为53.88%,是2014年的2.74倍。得益于挂牌企业数量的快速增加以及单笔融资额的不断冲高,股票交易迎来了大幅提升。股票成交数量从2012年的1.15亿股,增至2015年的278.9亿股,3年间增长了242.5倍。随着做市交易比重逐步提升,做市商制度开始发挥效用,进一步提升了市场活跃度(见图6)。

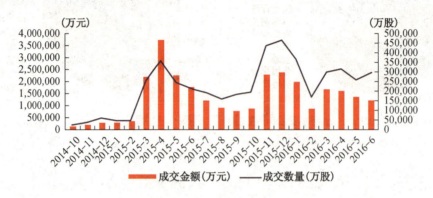

图6 新三板交易情况

资料来源:股转公司

但是,随着新三板市场规模的扩张,违法违规行为也随之增多,在市场运作的规范性上还有待进一步完善和优化。2016年8月22日,国务院发布《降低实体经济企业成本工作方案》,提到了大力发展股权融资,并对规范新三板市场的发展提出了明确的指导方向。

为了对新三板市场的规范化运作提供切实有效的帮助,本书以目前证监会、股转公司和各地证监局已查处的典型案件作为样本,遴选了部分案例,统计了不同类型违规的处罚情况,分析了违法违规的手法、动机、过程及处罚结果,归纳了相关违规行为可能涉及的法律法规,并从不同利益相关体的视角给出亟待完善的建议。

本书的应用价值在于,一方面总结了新三板市场上主要存在的违法违规情况,让监管机构、投资者等市场参与者都能够注意到违法违规情形并加以防范;另一方面希望挂牌企业以及拟挂牌企业都能够对相关案件引以为戒,提升企业运作规范性,明确监管红线,避免出现违法违规行为。此外,本书也可以为新三板市场的监管机构、中介机构、相关行业自律组织以及科研机构提供参考。

第一章
新三板市场违法违规概况与处罚流程

（一）新三板市场违法违规行为概况[①]

根据国务院相关规定，新三板市场的挂牌企业依法纳入非上市公众公司监管，股东人数可以超过200人。挂牌企业在法律地位上与沪深交易所上市公司属性一致，同属公众公司范畴，在税收、外资等政策方面，原则上比照交易所市场及上市公司相关规定办理，在涉及国有股权监管事项时，需同时遵守有资产管理的相关规定。

作为我国多层次资本市场体系的重要组成部分，快速发展中的新三板市场仍存在较多违法违规问题亟待解决。自证监会组织开展"证监法网专项执法行动"以来[②]，新三板市场已查处了多起违法违规案件，其中违法违规原因呈多样化态势：有的是出于谋利或减少损失，有的是对市场法律法规不了解，还有的则是由于操作人员的疏忽。违法违规原因的多元化也导致了新三板市场案例种类的多样化，在对具体案件进行说明和分析前，有必要对各类违法违规概况进行梳理。

1. 新三板市场违法违规概况

随着新三板市场规模的不断扩大，违法违规行为类型和数量随之增

[①] 本节内容基于股转公司调研资料整理而成。
[②] 2015年，证监会针对当前市场违法违规频发多发态势，部署开展"证监法网专项执法行动"，集中力量对市场反映强烈、严重危害市场秩序的重大违法违规行为实施专项打击，遏制违法违规活动，净化市场环境。

多,相应地,监管机构对违法违规行为的处理力度也逐步提升,所查处违法违规行为数量迅速增加。自新三板市场建立至今,股转公司承担了重要的自律监管职能,绝大部分监管措施都是由其做出。因此,本书以股转公司的统计数据为依据,对违法违规案件的处理情况进行简要梳理(见图7)。

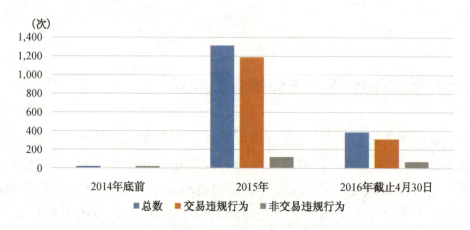

图7 股转公司年度违规处理数据

资料来源:股转公司

截至2016年4月30日,股转公司各业务部门共计采取违规处理措施1,741次,其中对申请挂牌企业和已挂牌企业采取要求提交书面承诺11次、约见谈话35次、出具警示函32次、责令改正2次、通报批评2次;对申请挂牌企业和已挂牌企业的实际控制人、董事、监事、高级管理人员采取要求提交书面承诺9次、约见谈话10次、出具警示函11次、暂停解除挂牌企业控股股东、实际控制人的股票限售1次、通报批评3次;对申请挂牌企业和已挂牌企业的董事会秘书、财务总监等信息披露义务人采取约见谈话9次、出具警示函23次、要求提交书面承诺4次、通报批评2次;对持续督导券商及其他中介机构采取要求提交书面承诺26次、约见谈话32次、出具警示函14次、责令改正3次、通报批评2次、公开谴责2次;对投资者采取限制证券账户交易8次、出具警示函54次、要求提交书面承诺1,446次(见图8)。

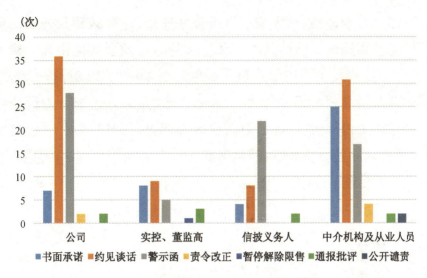

图 8 股转公司对违规处理数据表

资料来源：股转公司

目前,股转公司内部已在违规处理程序方面进行探索并积累了一定经验,包括:①挂牌业务部制定违规处理流程,通过部门内部的监管小组保障权力行使的公正性,制定违规处理判罚规则;②交易监察部制定违规处理流程,考虑转让行为监管特殊需求,设置阶梯化处理触发机制,明确各种常见违规行为及对应处理措施;③公司业务部对挂牌企业进行全面监管,定期将违规行为处理公布,实现结果公开,并建立部门内部监管小组,负责违规行为处理;④机构业务部建立监管小组负责违规行为处理,并与其他部门配合衔接。

在各部门探索的基础上,股转公司制定发布了《全国中小企业股份转让系统自律监管措施和纪律处分实施办法》的业务规则和《全国中小企业股份转让系统自律监管措施和纪律处分工作规程》的内部制度,对违规处理程序进行了统一规范,实现违规处理程序的有法可依、有规可循。

2. 新三板市场违法违规的类型及特点

从股转公司的统计信息来看,截至 2016 年 4 月 30 日,新三板挂牌企业违规案件共计 70 件,主要涉及申请挂牌企业和已挂牌企业的信息披露违规、发行行为违规、重大资产重组程序违规、违规减持和公司治理五类：①信息披露违规38件,其中涉及持续督导券商及其他中介机构未勤勉尽责32件,涉及公司内部人员未勤勉尽责29件;②发行行为违规21件,其中涉及持续督导券商未勤勉尽责3件,大部分违规行为仅处理挂牌企业,未涉及内部责任人处理;③重大资产重组程序违规4件,其中涉及中介机构未勤勉尽责2件,涉及内部人员未勤勉尽责1件;④违规减持6件;⑤公司治理1件(见图9)。

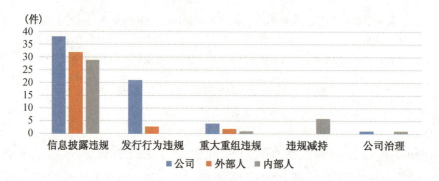

图9　挂牌企业违规类型
资料来源:股转公司

新三板市场违法违规行为具有以下特点：

一是信息披露违规行为占比较高,责任主体明确。我国市场监管以信息披露为导向,且信息披露常作为其他违规行为处理的兜底条款,因此违规处理中信息披露违规行为占比较高。相比公司治理,信息披露规则更为细致,责任划分更为细化,股转公司在处理申请挂牌企业和已挂牌企业信息披露违规行为的同时,均对外部人员(持续督导券商或其他中介机构)或内部相关人员(控股股东、实际控制人、董监高、董秘和财务总监)加以处理。

二是违规发行行为缺乏认定具体责任人规则依据,且其主观恶性较重。由于业务规则缺乏关于公司治理及定向发行相关责任主体分配的具体规定,股转公司主要对责任主体采取自律监管措施。目前,发行违规行为多数为提前使用募集资金,且此类行为存在持续督导券商缺乏监管手段、违规主体明知故犯的情况。

三是违规减持主观恶性较高,存在明知故犯情形。一些挂牌企业的股东挂牌的唯一目的就是为了能够以较高的价格在资本市场进行减持和套现,因此一旦公司顺利挂牌就开始考虑如何减持的问题。通过这一问题,可以看到目前新三板市场参与者投机大于投资的心理预期,但一个健康的资本市场中,挂牌或上市并不应该以退出为目标,有效的市场规制、完善的市场法规和成熟的投资理念才是保障市场合规运作的基础。即便出现减持行为,股东应明确自己减持的必备要件和法定流程,保障所有的减持行为合规合法。

四是挂牌企业的资金使用不够规范,大股东很容易将挂牌企业视作自己独家的产权。目前市场中经常出现大股东将挂牌企业资金调往其管控的其他公司,或者取出现金给自己或亲朋好友使用的情况。新三板挂牌企业作为公众公司,面对的是全市场所有的适格投资人,信息透明和公开是必备基础。挂牌企业的大股东需要厘清自身的管控范围,杜绝违规占用公司资金等情形出现。

五是挂牌企业在公司治理方面仍不够规范。目前,专门针对挂牌企业公司治理方面的业务规则较为缺乏,且监管机构对公司治理方面违规行为的处理也较少,导致此类违规成本较低。所以,目前挂牌企业对内控等公司治理方面的合规管理积极性不是很高。

3. 转让和交易过程违法违规

截止2016年4月30日,投资者及做市商的严重异常转让行为共计1,508次,主要包括:①反向交易215次;②异常价格申报或成交1,092次;③触发权益披露义务,未暂停交易201次(见图10)。

目前,因市场交易活跃度不高,市场参与者无利可图,所以反向交易、自买自卖、对倒等市场操纵违规行为的发生频率较低。违规行为主要集中于异常价格申报或成交,这与当前新三板市场主要采用协议转让

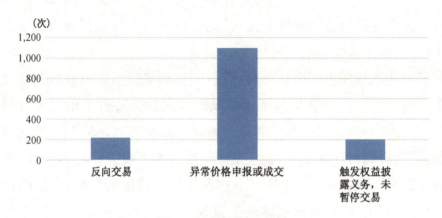

图 10　违规处理次数

资料来源:股转公司

方式的特点相关,交易价格存在大量价外因素影响,既有履行对赌协议、并购重组、股权激励等合理行为,也包括无法说明合理原因的涉嫌利益输送等情况。此外,缺乏竞价制度、做市商制度存在漏洞等因素导致了转让交易中也存在其他问题。

(二)挂牌企业违法违规处罚流程

由于新三板市场在我国还处于起步阶段,市场当前的监管还停留在"自律监管为主,机构监管为辅"的基础上,所以违法违规成本并不高。2016年之前,新三板市场中行政处罚和监管措施的数量都不多,随着市场规模逐渐扩大和市场规范性的提升,证监会协同股转公司,以制度为基础,从立法上加强对各类违法违规行为的约束力,提高违法违规成本,为新三板市场可持续发展提供有力保障。

1. 出具处罚或监管措施的机构概述

新三板市场监管既包括了具有行政管理权力的机构监管,也涵盖了来自股转公司等机构的自律监管。根据我国新三板市场目前的发展现状,法定监管机构主要是指我国证监会以及证监会下设的36家地方证监局;而自律监管机构则主要是指新三板市场的交易场所,也就是股转公司。与主板市场相比,目前新三板市场尚未构建专门的协会组织。

根据目前产生的各类案例,本书将我国新三板市场主要的处罚或者监管措施出具方划分为四个方面:一是证监会,处置较为严重的违法违规案件,主要以违反《证券法》等国家相关法律为主;二是地方证监局,主要是根据证监会的要求,对一些专项检查中存在问题的挂牌企业做出行政处罚或者行政监管措施;三是股转公司,从自律监管机构和交易场所提供者角度出发,兼顾管理和服务,针对一些挂牌、交易、信息披露等流程不合规的行为进行监管;四是工商、税务等其他行政机关,可以在各自监管的领域内,针对挂牌企业的违法违规行为作出处罚或监管措施。

证监会表示,新三板市场是证监会监管的重要领域之一,必须依法实施有效监管。新三板市场的信息披露、内幕交易、操纵市场的违法违规行为,应比照《证券法》相关规定予以查处。从证监会的公开表态可以看出,证监会对于新三板市场的监管十分重视。各地证监局作为证监会的分支机构,也在违法违规检查等方面形成了对证监会监管的补充和支持。

2. 违法或违规行为的查处

从监管机构查处新三板挂牌企业违法违规行为的路径来看,可以根据查明来源方分为五类:一是证监会查处的;二是证监会下设的地方证监局查处的;三是股转公司自行监管的;四是其他相关的行政机构查处或监管的;五是挂牌企业的持续督导券商等中介机构自己发现或查明的。

由于证监会监管重心主要在主板、中小板和创业板市场,对新三板市场中只有特别严重的违法违规行为才会进行核查,所以由证监会查处的违法违规案件较少。

证监会下设的各地证监局也是新三板市场重要的案件查处机构。一方面,对于证监会关注的某些种类的案件,各地证监局会负责核查当地挂牌企业是否具有此类违法违规行为;另一方面,证监局对辖内挂牌企业进行核查时,也会查处和发现违法违规行为。

股转公司查处和监管违法违规的情况占比最高,除了自身通过监管核查等方式查明的违法违规案件,还要为证监会、各地证监局提供相关支持工作,协助核查一些违法违规案件。

其他行政机构(如工商、税务部门)主要是立足于各自的职能范围,对不符合监管要求的违法违规行为进行查处。

最后要提的是督导券商等中介机构在查明违法违规案件中的作用。对于挂牌企业而言,持续督导是不可或缺的流程,聘请持续督导券商等中介机构也是挂牌后必备的手续之一。所以,作为持续督导券商,应该配合证监会、证监局以及股转公司做好相关的违法违规核查工作。但更重要的是,持续督导券商应当在挂牌企业可能出现违法违规情形之前,就做好相关督导工作,避免和防止挂牌企业出现违法违规现象。只有强化督导券商等机构对挂牌企业违法违规行为的预防和排查,协助挂牌企业真正理解依法合规的重要性,才能从根本上减少新三板市场违法违规现象。

按照国务院统一部署,自2015年1月起,我国"一行三会"开展了"加强内部管控、加强外部监管、遏制违规经营、遏制违法犯罪"(以下简称"两个加强、两个遏制")专项检查工作。2016年,为进一步巩固监管核查的成果,证监会再次推进"两个加强、两个遏制"回头看的监管核查行动,各地证监局和股转公司都积极予以配合,这说明了监管机构对证券市场违法违规行为的监管逐步收紧,随着市场容量的不断扩大,监管越来越严格和细化,市场也正向着越来越规范的方向发展。

3. 行政处罚、行政监管措施的作出

对挂牌企业的违法违规行为,主要可以通过行政处罚和行政监管措施两种方式进行监管。

根据我国《行政处罚法》,对企业的行政处罚主要包括以下种类:

①警告；②罚款；③没收违法所得、没收非法财物；④责令停产停业；⑤暂扣或者吊销许可证，暂扣或者吊销执照；⑥法律、行政法规规定的其他行政处罚。

从实际的案例来看，目前新三板市场中的行政处罚案例并不多，主要集中在罚款上，此外也存在警告、没收违法所得等行政处罚。而责令停产停业、暂扣或吊销许可证或营业执照之类的行政处罚目前尚未在新三板市场中出现。

对于股转公司等不具备行政处罚资质的自律监管机构而言，在查明挂牌企业的违法违规行为后，主要采用自律性监管措施。股转公司可以对违法违规的挂牌企业采用以下监管措施：

1）要求申请挂牌企业、挂牌企业及其他信息披露义务人或者其董事（会）、监事（会）和高级管理人员、持续督导券商、证券服务机构及其相关人员对有关问题作出解释、说明和披露；

2）要求申请挂牌企业、挂牌企业聘请中介机构对公司存在的问题进行核查并发表意见；

3）约见谈话；

4）要求提交书面承诺；

5）出具警示函；

6）责令改正；

7）暂不受理相关持续督导券商、证券服务机构或其相关人员出具的文件；

8）暂停解除挂牌企业控股股东、实际控制人的股票限售；

9）限制证券账户交易；

10）向中国证监会报告有关违法违规行为等。

自律监管措施的特点是：种类较多、处罚结果相对较轻，以警示和告诫为主。

除此之外，在分层制度推出的背景下，挂牌企业一些违法违规行为还将导致其无法顺利进入创新层，这也算对挂牌企业的一种变相违规处罚。直接影响挂牌企业进入创新层的违法违规行为主要包括：

1) 挂牌企业或其控股股东、实际控制人，现任董事、监事和高级管理人员因信息披露违规、公司治理违规、交易违规等行为被股转公司采取出具警示函、责令改正、限制证券账户交易等自律监管措施合计3次以上的，或者被股转公司等自律监管机构采取了纪律处分措施；

2) 挂牌企业或其控股股东、实际控制人，现任董事、监事和高级管理人员因信息披露违规、公司治理违规、交易违规等行为被中国证监会及其派出机构采取行政监管措施或者被采取行政处罚，或者正在接受立案调查，尚未有明确结论意见；

3) 挂牌企业或其控股股东、实际控制人，现任董事、监事和高级管理人员受到刑事处罚，或者正在接受司法机关的立案侦查，尚未有明确结论意见。

第二章

信息披露违规

（一）信息披露违规释义

信息披露，是指挂牌企业以公开转让说明书、定向发行报告以及定期报告和临时公告等形式，将自身的财务变化、经营状况等信息和资料向投资者和社会公众公开披露的行为。信息披露是公众公司向投资者和社会公众全面沟通信息的桥梁，无论是在上海、深圳交易所上市的上市公司，还是在股转公司挂牌的挂牌企业，作为公众公司，都应当依照相关法律规范做好信息披露工作。

一般来说，信息披露主要分为定期报告和临时报告两类：定期报告包括年度报告和中期报告，中期报告又包括半年度报告和季度报告。而临时报告的内容和形式较为广泛，较为常见的有股东大会决议公告、董事会决议公告、监事会决议公告。此外，一些由中介机构所出具的对公司的评估报告、审计报告等也属于信息披露管理范围之内。

信息披露违规是指挂牌企业在信息披露过程中，违反相关的法律、法规，编制和对外提供虚假信息，隐瞒或推迟披露重要事实的披露行为。这种行为从根本上影响证券市场的正常运行、社会资源的有效配置以及投资者的合法权益。[①]

由于新三板挂牌企业数量众多且仍处于增长过程中，证监会、股转

---

① 杨玉凤,曹琼,吴晓明.上市公司信息披露违规市场反应差异研究[J].审计研究,2008(5).

公司无法逐一对所有公司披露的信息进行验证和核查,这就导致了新三板市场中一些挂牌企业信息披露的不规范。例如,有的挂牌企业经常延迟披露;有的挂牌企业所披露信息前后矛盾;也有的挂牌企业不履行其信息披露中的承诺;还有的挂牌企业披露信息不完整,等等。

(二) 信息披露违规的惯用手法

根据信息披露主体违规的主观性程度,信息披露的违规可分为两类:一种是虚假陈述,另一种则是披露不规范。

虚假陈述是指信息披露义务人违反法律规定,在证券发行或者交易过程中,对重大事件做出违背事实真相的虚假记载、误导性陈述,或者在披露信息时发生重大遗漏、不正当披露信息的行为。在虚假陈述的违法违规行为中,责任主体通过故意披露不实的信息,或误导投资者产生错误观点的信息等方式,较为主观地进行了陈述,导致披露的错误信息对投资者产生了负面影响。要杜绝这种现象,就需要加强对挂牌企业运营规范的教育,将一些负面案例进行通报批评以起到警示作用,同时提升违法成本,防止挂牌企业铤而走险,故意披露虚假的信息。虚假陈述的具体手法有很多,但主要以虚假记载、误导性陈述和重大遗漏等三种类型为主。

披露不规范主要是由于挂牌企业在信息披露过程中的过失造成的,主观恶性不大,很多情形下此类违规行为归咎于当事人对管理规则的不熟悉或对披露流程的生疏,不规范披露产生的根源主要在于挂牌企业的董秘或证券事务代表未能很好履行职责,以及券商、会计师事务所、律师事务所等中介机构未能很好地尽到勤勉义务。因此,对新三板市场而言,一方面要加强对挂牌企业高管和信息披露相关人员的法律法规知识培训,提升职业素养;另一方面对持续督导券商的辅导能力、核查水平也提出了要更高的要求。从分类上来看,信息披露不规范有很多种类,但最主要的形式是延迟披露。

1. 虚假记载

虚假记载,是指挂牌企业在信息披露的文件上做出与事实真相不符的记载,即客观上没有发生的事项被信息披露文件加以杜撰或未予剔除。

虚假记载经常出现在财务报告中,例如在财务数据上,虚报利润、收入以稳定股价或推动股价上涨。此外,部分公司也存在炒作市场概念,虚报投资项目等情形。

2. 误导性陈述

误导性陈述,是指挂牌企业虽然真实地将相关信息进行了披露,但是在信息披露中的表达方式存在一定的缺陷,导致披露的信息容易被错误解读,从而影响了投资者的正确判断。与虚假记载这一类违规行为不同的是,误导性陈述更具有"技巧性",看似如实披露了相关信息,但巧妙的通过一些误导性陈述影响了投资者的判断。

这其中,较为典型的例子是未履行核准程序前披露信息。例如,某公司的股东人数已经超过了200人,但某公司在向特定对象发行股票时,却未经证监会核准,便违规披露认购公告进行认购。虽然披露认购公告进行认购股票是定向增发的必要步骤,但该公司在前置条件和基础未完全达成时就贸然推进后续的信息披露进程,形成了信息披露违规。

3. 重大遗漏

重大遗漏,是指信息披露文件中遗漏了按照规定应当记载的重要事项。此类违规在年报披露上出现频率较高,从目前的案例来看主要存在两种情形:一是年报遗漏了审计报告正文或附注;二是未按规定更正年报信息或年报信息与审计报告不一致。

第一种情况中,主要责任在于发布信息披露的责任人。作为信息披露发布人,应当在发布信息时反复核查文稿,是否存在疏漏或未附附件等情形。

第二种情况中,披露信息和实际的财务报告、审计报告之间存在不一致的情况。这就需要挂牌企业及时在信息披露平台予以更正并做出合理解释,如果缺乏这些更正说明、合理性说明等文件,即便按时完成日常信息披露,也属于重要信息的遗漏与缺失,形成重大遗漏违规。

重大遗漏既包括了主观因素较强的故意遗漏重要信息,同时也涵盖了一些无意之过。例如,在附审计报告的情况下,遗漏了审计的会计师事务所盖章签字;在附股东会决议的情形下,遗漏了股东投票表决情况等信息。除年报遗漏相关信息外,关联方披露不完整、关联交易未经内部决策程序且未披露、关联方资金占用未披露等情形同样也属于重大遗漏。

4. 延迟披露

延迟披露主要是指披露不及时,即没有按照规定的时间进行披露,体现在公司出现重大事项时滞后披露,如未及时披露季度报告、半年度报告、年度报告、财务报告;未及时披露公司涉及的诉讼纠纷;未及时披露年度股东决议等。

根据新三板市场的规定,挂牌企业披露定期报告都有规定的时间:挂牌企业应当在每个会计年度结束之日起四个月内编制并披露年度报告;在每个会计年度的上半年结束之日起两个月内披露半年度报告;如披露季度报告的,挂牌企业应当在每个会计年度前三个月、九个月结束后的一个月内披露季度报告,且第一季度报告的披露时间不得早于上一年的年度报告。

除此之外,临时报告也应遵循法定的披露时间要求。按照规定,挂牌企业应当在临时报告所涉及的重大事件最先触及下列任一时点后及时履行首次披露义务:①董事会或者监事会作出决议时;②签署意向书或者协议(无论是否附加条件或者期限)时;③公司(含任一董事、监事或者高管)知悉或者理应知悉重大事件发生时。

同时，对正处于筹划但会影响挂牌企业股票价格的重大事件，虽然尚未达到上一条规定时点，但出现下列情形之一的，挂牌企业亦应履行首次披露义务：①该事件难以保密；②该事件已经泄漏或者市场出现有关该事件的传闻；③公司股票及其衍生品种交易已发生异常波动。

在实践中，临时报告的延迟披露现象较定期报告更多一些。由于定期报告的时间节点较为固定，且主办券商、会计师事务所等中介机构也会把控报告发布时间，所以很难出现延迟披露的情形，多数延迟披露主要是在临时事件出现后没有按照规定及时披露，从而导致了信息披露违规。

（三）案例1：A公司信息披露不规范

1. 案情介绍

A公司于1999年11月成立，是一家从事高新技术电子、电器节能新产品的开发、生产和经营业务的国家高新技术企业。2012年9月，A公司在当时的代办股份转让系统挂牌，现注册资本800万元。

根据股转公司2015年发布的公告，A公司披露的2014年临时公告和2013年度报告存在多项信息披露违规的情形。根据股转公司业务规则，股转公司对A公司及其董事长、董事会秘书和财务总监实施了通报批评的纪律处分，并记入证券期货市场诚信档案数据库。同时，股转公司还对A公司的持续督导券商、会计师事务所也采取约见谈话的监管措施。

经查实，A公司存在一系列的信息披露违规行为，具体包括：①2014年度股东大会结束后，A公司未及时进行信息披露；②2014年5月12日，A公司在发布的临时公告后未加盖董事会公章；③2013年度报告中所披露的审计报告为会计师事务所提供的审计报告初稿，欠缺注册会计师签字、会计师事务所盖章,且落款日期与会计师事务所正式出具的版本不一致。

A公司违规行为表现在未及时披露、遗漏了一些重要签字盖章等过失方面,基本可以判断其违规行为系对信息披露工作不重视而导致的。特别是"公告未加盖董事会公章""年报披露应附经审核签字后的审计报告而未附"等较为低级的错误本应避免。

作为挂牌企业信息披露工作人员,应该熟悉信息披露的时间节点和具体要求。出现这样的过失说明A公司相关工作人员未能很好履行工作职责,且公司高管没有重视信息披露工作。

2. 违规处罚或监管措施

鉴于A公司的违规事实,股转公司根据《全国中小企业股份转让系统业务规则(试行)》的规定,做出以下决定:

1) 对A公司及其董事长、董事会秘书、财务负责人一并采取通报批评的纪律处分措施;

2) 对A公司其他7名董事、监事采取出具警示函的监管措施;

3) 对A公司的持续督导券商采取约见谈话的监管措施;

4) 对为A公司出具审计报告的会计师事务所采取约见谈话的监管措施。

股转公司的监管措施所针对的不仅仅包括A公司相关人员,同时也涵盖了其他与A公司有关的中介机构,A公司的持续督导券商以及A公司年审的会计师事务所都受到了相应的监管措施。

A公司受到监管措施是由于其工作疏忽造成了信息披露不规范,而A公司的督导券商、会计师事务所受到监管措施则主要是由于两家中介机构未能尽到勤勉义务。因此,对新三板中介服务机构而言,在协助挂牌企业完成信息披露工作时,要负责任地保障挂牌企业信息披露内容的规范化,特别是要注意定期报告的披露时限问题、定期报告和临时报告附件规范性、决议公告是否盖章签字等细节问题。

附：对挂牌企业的监管措施文件

《股转公司对 A 公司实施纪律处分》

2014 年，A 公司因披露的临时公告和 2013 年度报告存在多项违规情形，为严肃市场纪律，督促和警示市场主体高度重视信息披露工作，股转公司根据业务规则，对该公司及其董事长、董事会秘书及时任财务总监实施了通报批评的纪律处分，并记入证券期货市场诚信档案数据库。同时，对相关人员及中介机构采取了相应的监管措施。

一、经查实，A 公司存在以下违规行为：

（一）A 公司 2013 年年度股东大会结束后未进行信息披露，违反了《全国中小企业股份转让系统挂牌企业信息披露细则（试行）》第二十九条的规定；

（二）A 公司 2014 年 5 月 12 日发布的临时公告未加盖董事会公章，违反了《全国中小企业股份转让系统挂牌企业信息披露细则（试行）》第二十一条的规定；

（三）A 公司 2013 年年度报告中所披露的审计报告为会计师事务所提供的审计报告初稿，欠缺注册会计师签字、会计师事务所盖章，且落款日期与会计师事务所正式出具的版本不一致。因此，A 公司 2013 年年报披露使用未经会计师事务所正式出具的审计报告的行为违反了《非上市公众公司监督管理办法》第二十条、第二十二条，《全国中小企业股份转让系统挂牌企业信息披露细则（试行）》第四条、第十三条的规定。

二、经查实，A 公司持续督导券商存在以下违规行为：

（一）作为 A 公司的持续督导券商未对 A 公司披露临时公告的董事会公章进行核查；

（二）在 A 公司未提交会计师事务所正式出具的审计报告的情况下为其进行信息披露，对于该行为未及时向我司报告或发布风险警示公告；

作为 A 公司的持续督导券商，未能尽职履行持续督导义务，未能督导 A 公司诚实守信、规范履行信息披露义务、完善公司治理，违反了我司《业务规则》第 5.7 条和《信息披露细则》第十条的规定。

三、经查实，A 公司年审的会计师事务所存在以下违规行为：

对于 A 公司年报中使用未经会计师事务所盖章、注册会计师签字的审计报告的情况，在明知的情况下，一方面可以采取与持续督导券商或我司及时沟通的积极措施，另一方面也可以积极向有关主管部门报告，但其在年报披露结束超过两个多月后才向我司进行举报，没有做到勤勉尽责和诚实守信，违反了我司《业务规则》第 1.7 条的规定。

鉴于以上违规事实，根据《全国中小企业股份转让系统业务规则（试行）》的规定，股转公司做出以下决定：

（一）对 A 公司及其董事长、董事会秘书、财务负责人一并采取通报批评的纪律处分措施；

（二）对 A 公司其他 7 名董事、监事采取出具警示函的监管措施；

（三）对 A 公司的持续督导券商采取约见谈话的监管措施；

（四）对为 A 公司出具审计报告的会计师实务所采取约见谈话的监管措施。

股转公司

2015 年 2 月 11 日

3. 案例分析

(1) A 公司违规行为原因分析

本案的违规原因，主要是由于新三板市场成立伊始，挂牌企业对新三板市场的信息披露规则不够了解，对市场的监管体系不够熟悉；督导券商在协助挂牌企业履行信息披露时存在瑕疵；会计师事务所在提交审计报告时也存在过失，此外在挂牌企业信息披露违规行为发生后，没有及时指出违规现象。

挂牌企业和中介机构对信息披露工作的不重视，是较为"低级"的信息披露违规行为产生的根本原因。随着新三板市场的不断发展,信息披露制度的不断规范,疏忽或过失违规的情况将大幅减少,挂牌企业也不能再将"不了解""不熟悉"作为信息披露违规的挡箭牌。

同时,作为A公司的督导券商和会计师事务所,也应当反思产生违规情形的原因。督导券商的职责就是把好信息披露等各项工作的关,协助挂牌企业有序完成各项挂牌后的工作;会计师事务所则是保障审计报告合法合规,监督挂牌企业审计及披露审计报告的整个过程。督导券商和会计师事务所作为中介机构,应当为挂牌企业守法合规地运行保驾护航。

因此,在监管机构日益重视信息披露规范的当下,A公司这一案例不仅仅为各挂牌企业敲响了警钟,也促进了督导券商、会计师事务所等各类中介机构更加规范、更加细致地开展工作。

(2) A公司违规的法律依据分析

2013年度股东大会结束后,A公司未进行信息披露,违反了《全国中小企业股份转让系统挂牌企业信息披露细则(试行)》(以下简称"《信息披露细则》")第二十九条的规定,即"挂牌企业召开股东大会,应当在会议结束后两个工作日内将相关决议公告披露。年度股东大会公告中应当包括律师见证意见"。A公司在股东大会后迟迟未能披露相关决议,构成了延迟披露违规。

A公司在2014年5月12日发布的临时公告中未加盖董事会公章,违反了《信息披露细则》第二十一条的规定,即"临时报告是指挂牌企业按照法律法规和全国股份转让系统公司有关规定发布的除定期报告以外的公告。临时报告应当加盖董事会公章并由公司董事会发布"。A公司的报告由董事会发布,却没有加盖董事会公章,构成了信息披露程序违规。

A公司2013年度报告中披露的审计报告为会计师事务所提供的审计报告初稿,欠缺注册会计师签字、会计师事务所盖章,且落款日期与会计师事务所正式出具的版本不一致。A公司这一违规行为违反了《非上市公众公司监督管理办法》第二十一条"信息披露文件主要包括公开转让说明书、定向转让说明书、定向发行说明书、发行情况报告书、定期报告和临时报告等。具体的内容与格式、编制规则及披露要求,由中国证监会另行制定"。这其中证监会另行制定的规则即指在证监会指导下股转公司《信息披露细则》中的相关规定,包括第十三条"挂牌公司年度报告中的财务报告必须经具有证券、期货相关业务资格的会计师事务所审计"和第十六条"年度报告出现下列情形的,主办券商应当最迟在披露前一个转让日向全国股份转让系统公司报告:(一)财务报告被出具否定意见或者无法表示意见的审计报告;(二)经审计的期末净资产为负值"。

(3) 需要定期披露的文件种类及要求

2013年12月30日,股转公司公布了促进新三板市场有序发展的14项相关配套措施,制定了股转公司扩容至全国的相关细则,对新三板市场的信息披露行为进行了严格的规范。挂牌企业应当认真学习和了解定期披露文件的种类及其披露要求。

从《非上市公众公司监督管理办法》和《信息披露细则》等法律规范中可以看出,挂牌企业应当披露的定期报告包括年度报告、半年度报告,同时,股转公司鼓励但不强制要求挂牌企业披露季度报告。

对上述年度报告、半年报乃至季度报告的披露时限和方式,各政策文件亦有规定。按照相关法律规范的指导意见,挂牌企业应当在每个会计年度结束之日起四个月内编制并披露年度报告,在每个会计年度的上半年结束之日起两个月内披露半年度报告。披露季度报告的挂牌企业,应当在每个会计年度前三个月、九个月结束后的一个月内披露,且第一季度报告的披露时间不得早于上一年的年度报告。

(4) 券商前置审批流程不可或缺

从A公司案来看,A公司没有在信息披露前将相关披露文件预先给督导券商审核并听取意见,而督导券商也未能尽到督促指导的法律义务,对A公司信息披露文件的形式和内容都疏于查看,导致了违规情形的产生。

因此,作为挂牌企业应当在信息披露前先将相关信息交与券商进行审核后,才能履行公开披露的流程。根据《信息披露细则》的第十五条,挂牌公司应当在定期报告披露前及时向主办券商送达的文件包括:①定期报告全文、摘要(如有);②审计报告(如适用);③董事会、监事会决议及其公告文稿;④公司董事、高级管理人员的书面确认意见及监事会的书面审核意见;⑤按照全国股份转让系统公司要求制作的定期报告和财务数据的电子文件;⑥主办券商及全国股份转让系统公司要求的其他文件。

挂牌企业将信息披露材料交券商前置审批的意义在于,信息披露材料一般都是能够对挂牌企业股价产生影响的重要材料,如果材料出现疏漏的话会给挂牌企业带来负面影响,也会造成资者的损失。因此,作为中介服务机构,券商有能力也有义务为挂牌企业拟披露的信息把关,从程序上避免和减少失误。

本案中,如果 A 公司能及时把相关材料交券商审批后再进行披露,而券商又能够仔细核查的话,那么本案的违规行为完全可以避免。

4. 案例启示

(1) 挂牌企业披露信息应注意及时、规范、透明

从 A 公司案可见,挂牌企业中的信息披露义务人应当及时、公开地披露所有对公司股票及其他证券品种转让价格可能产生较大影响的信息,并保证信息披露内容的真实、准确、完整,不存在虚假记载、误导性陈述或重大遗漏。做不到及时、规范和透明,就会因信息披露违规而受到处罚或监管措施。

对于信息披露违规行为,股转公司视情节轻重,实施自律监管措施和纪律处分;违反证券市场相关法律、法规和监管规定的重要案件,将依法移送中国证监会处理。中国证监会将根据《非上市公众公司监管办法》规定,采取责令改正、监管谈话、责令公开说明、出具警示函、认定为不适当人选等监管措施,并记入诚信档案;情节严重的,可以对有关责任人员采取证券市场禁入的措施;涉嫌违法犯罪的,立案调查或者移送司法机关。

挂牌企业应当从 A 公司案中吸取教训,引以为戒,严格遵守市场规则,切实履行应尽义务,提高对信息披露工作的重视,防止因出现程序性错误而违规。

(2) 中介机构应当履行勤勉义务

中介机构在信息披露中如果没有尽到勤勉义务,不仅挂牌企业会受到处罚或监管措施,中介机构本身也可能因为过失承担相应的责任。

持续督导券商应指导和督促挂牌企业规范履行信息披露义务,对其信息披露文件进行事前审查。发现拟披露的信息或已披露信息存在任何错误、遗漏或者误导的,或者发现存在应当披露而未披露事项的,持续督导券商应当要求挂牌企业进行更正或补充。挂牌企业拒不更正或补充的,持续督导券商应当在两个转让日内发布风险揭示公告并向股转公司报告。

A 公司的持续督导券商在协助 A 公司发布信息披露公告时未能很好地尽到审核、指导的义务,也是违规行为产生的重要原因。对持续督导券商而言,一是应当关注 A 公司披露定期报告的时间,在即将逾期前应当告知挂牌企业的高管,督促挂牌企业及时做好信息披露工作;二是在 A 公司披露临时公告时,对公告的形式、附件等各要素进行形式审查,确保信息披露程序合规合法。本案中,持续督导券商在 A 公司未提交会计师事务所签字版审计报告的情况下,协助其进行信息披露,且对于 A 公司的违规行为也未及时向股转公司报告或发布风险警示公告,构成了违规。因此,股转公司认为 A 公司持续督导券商未能尽职履行持续督导义务,未能督导 A 公司诚实守信、规范履行信息披露义务,违反了新三板的业务规则,故对其采取约见谈话的监管措施。

会计师事务所在对公司进行审计时应做到勤勉尽责,细心查询、认真核对有关文件和数据,确保审计报告内容的准确性。

对于出现与 A 公司案相类似的"年报中使用未经会计师事务所盖章、注册会计师签字的审计报告"的情况，会计师事务所在发现后应当及时与持续督导券商积极沟通，如果沟通未果，会计师事务所可向主管部门报告。本案中，会计师事务所在 A 公司年报披露结束超过两个多月后才向股转公司进行举报，没有尽到勤勉履责的相关义务，故股转公司对其采取约见谈话的监管措施。

总的来说，中介机构为新三板市场提供服务的过程中，应强化服务水平，严格履行法定职责，遵守行业规范，勤勉尽责，诚实守信，并对自身出具文件的真实性、准确性、完整性负责。

（四）案例2：B 公司未披露关联交易

1. 案情介绍

B 公司成立于 2001 年，主营业务为供热投资、节能服务、节能技术研发、合同能源管理等。2013 年 7 月，B 公司正式在新三板市场挂牌，现注册资本为 10,600.50 万元。

B 公司总经理潘某是公司控股股东、实际控制人。潘某身为公司控股股东，却未能将挂牌企业与其他公司（与潘某存在关联关系）之间的关联交易及时披露，导致了信息披露违规。

经股转公司调查发现，B 公司在申请挂牌时，总经理、控股股东潘某已同时担任了另一家公司——B1 公司的总裁，但潘某在 B 公司的挂牌申请材料中并没有如实、完整地提供个人兼职信息，导致 B 公司挂牌时并未将 B1 公司认定为关联方。B 公司挂牌后，还与 B1 公司之间发生了委托采购、资金借款等往来，相关交易不仅没有经过法定的公开渠道履行披露义务，甚至连 B 公司内部的有效决策流程都未能完全履行。

从 B 公司 2013 年度报告等相关证据材料来看，在 2013 年 7 月 17 日至 10 月 31 日期间，B1 公司向 B 公司申请了总额为 1,090 万元的流动资金借款;也正是从2013年7月份开始,B1公司委托B公司代理采购了工业品、热泵机组、钛板换热器、换热器、热量表、远传系统等各类产品,金额达707.39万元,B公司和B1公司往来密切,多次产生交易。

从应收账款欠款金额排名来看,B1公司以470.2万元的账面金额位列B公司应收账款名单第一位,金额占应收账款总额的比例为17.49%;在其他应收账款金额排名中,B1公司同样居首,账面余额1,090万元,账龄1年以内,占其他应收账款总额比例24.36%,性质为往来款。不过,对于B1公司的应收账款,B公司表示,截至2014年3月7日已全部收到,且拆借的往来款项年利率为9%,此外为B1公司代为采购设备的利润率约为20%。

虽然B公司自称关联交易价格公允,不存在利用关联方关系损害公司及股东利益的行为,且B公司在2013年报中也正式披露了即将并购B1公司的消息,但是信息披露违规的认定只以披露与否作为标准,无论关联交易价格合理与否、对市场投资是否造成实质损害,都不影响信息披露违规事实的成立。

因此,股转公司根据《全国中小企业股份转让系统业务规则》(以下简称"《业务规则》")最终认定,B公司存在关联方披露不完整,关联交易、关联方资金占用未按关联方事宜决策及披露的违规行为;同时潘某应当对B公司上述违规行为承担主要责任。

2. 违规处罚或监管措施

根据《业务规则》,股转公司对B公司采取提交书面承诺的自律监管措施;对B公司总经理潘某采取约见谈话、要求提交书面承诺的自律监管措施,并记入信用记录档案。

附:对挂牌企业的监管措施文件

《股转公司对B公司采取自律监管措施》

近日,B公司及其总经理潘某因关联方事宜披露不完整等问题,全国股份转让系统公司根据业务规则,对其采取了约见谈话、要求提交书面承诺的自律监管措施,并记入行为记录档案。

B公司总经理潘某为公司控股股东,在B公司申请挂牌时,同时担任B1公司总裁,由于其没有如实提供个人兼职信息,导致B1公司未被认定为B公司关联方,且挂牌后B公司与B1公司发生委托采购、资金借款事宜,上述交易没有经过公司内部有效决策程序,且未披露。

根据《全国中小企业股份转让系统业务规则》,B公司存在关联方披露不完整,关联交易、关联方资金占用未按关联方事宜决策及披露的违规行为;潘某存在高管兼职信息披露不完整的违规行为,同时还应当对B公司上述违规行为承担主要责任。因此,全国股份转让系统公司对B公司采取要求提交书面承诺的自律监管措施;对B公司总经理潘某采取约见谈话、要求提交书面承诺的自律监管措施,并记入行为记录档案。

各市场主体应当严格依据全国股份转让系统公司制度规则要求,诚实守信,规范运作,严格履行信息披露义务。全国股份转让系统公司作为自律监管机构,将严格按照有关法律法规、业务制度的规定,充分发挥自律监管职能。

股转公司
2014年5月8日

3. 案例分析

(1) B公司关联交易未披露的原因

挂牌企业需要披露的信息复杂繁多,有时确实难免会有疏漏。从本案的情况来看,B公司总经理潘某发布承诺书称:由于自己对于相关法律法规的学习和理解不透彻,不了解高管兼职单位应认定为关联方的规定,在挂牌时未向股转公司及时说明相关情况,导致未将B1公司认定为B公司的关联方,公司信息披露上的瑕疵,自己承担主要责任。

虽然,从表面上看B公司是因信息披露的程序问题而非信息披露中的实质内容导致违规而受到处罚,但遗漏关联方不应成为关联交易披露违规的借口,也不能因为保护商业机密等原因成为例外,挂牌企业作为公众公司,应当遵循市场规则将相关信息进行披露。

B公司违规的主要原因,在于其控股股东潘某对于自身兼职情况的隐瞒,导致了B公司与B1公司之间的交易未能被认定为关联交易,违反了公司关联方必须披露的相关规定,亦会使挂牌企业及中小股东权益受到损害,影响了挂牌企业的公众形象。

(2) 对并发性信息披露违规行为的监管

信息披露违规事件往往并不是独立发生的,而是一系列信息披露违规行为共同作用的结果,这一现象体现了信息披露违规的并发性,即多种违规行为同时发生。在本案中,这种情形表现为B公司在挂牌初期未能披露关联方B1公司,从而导致其与B1公司的一系列关联交易未能披露。

关于股东及相关方关联交易的披露监管,可以借鉴我国台湾地区兴柜市场的相关经验。我国台湾兴柜市场对上柜公司(亦类同于我国新三板挂牌企业)及做市商都采取严格的信息披露监管,除要求所有上柜公司必须披露公司的半年度财务报告、年度财务报告、重大事项外,鼓励公司自愿披露季度报告、财务预测信息外,上柜公司还需每月公布营业收入、背书保证金额、资金贷款金额、衍生品交易信息等。[①] 而对于关联方这一通常较难查明的事项,兴柜市场要求及时披露公司前十名的股东及公司实际控制人、董事、监事、高级管理人员、董事会秘书、信息披露事务负责人、核心技术人员的持股情况及关联关系情况,便于投资者了解公司和股东的基本情况。

因此,我国新三板市场一方面要借鉴先进的制度,提升制度的规范性,通过更全、更细致的规定来完善关联交易的信息披露规则,另一方面则要提高违法成本,对隐瞒关联交易的行为进行查处,给予一定的警示

---

① 曾慧敏.台湾新三板市场发展特点及启示[J].载《知识经济》,2012(23).

性处罚,以儆效尤。

4. 案例启示

(1) 挂牌企业的信息披露责任

诚实守信,规范运作,严格履行信息披露义务是对挂牌企业的基本要求。对于挂牌企业存在的违规行为,股转公司将视情节轻重,实施自律监管措施和纪律处分,违反证券市场相关法律、法规和监管规定的,将依法移送证监会处理。

挂牌企业在信息披露时应做到准确、及时、完整,特别是对以下几方面应多加注意:

1) 公司应按照《信息披露细则》进行全面披露,不遗失、错报应发布的重要信息;

2) 在公开披露信息前进行细心核对,以防止遗失重要文件附件;

3) 在进行信息披露前,应依据证监会和股转公司的规则,确定该披露行为是否需监管部门核准;

4) 确保信息披露的及时性,对最早触及下列任一时点的情形及时实施初次披露责任:该事情难以保密;该事情现已泄露或呈现有关该事情的风闻;公司股市及其衍生种类买卖已发作异常波动;

5) 挑选勤勉尽责的中介机构,并加强与各中介机构的日常交流,在新三板市场运作方面的问题,要多听取券商、律师事务所的意见;

6) 时刻重视市场新规,挂牌企业应对新三板的有关法律制度、操作细则和最新发展状况等及时跟进了解,便于公司更好地开展信息披露工作。

(2) 关联交易及其披露

B公司与B1公司发生委托采购、资金借款事宜,存在关联交易的可能性,但B公司却未能及时披露导致了违规。虽然这种行为背后深层次的原因很难查明,但是对于"关联方遗漏"这种行为,并不能姑息,仍要对其进行处罚,以避免出现真正的"故意遗漏关联交易"的情形,伤害到投资人的权益。

对挂牌企业而言,应该尽可能避免、减少关联交易,对于实在无法避免的关联交易,应厘清交易双方的关系,做到及时准确披露信息。在这一过程中,挂牌企业应当与督导券商保持沟通,对是否属于关联交易的认定不确定的可以征求督导券商的意见,在督导券商的指导下,对确实属于关联交易的情形及时按照规定予以披露。

(3) 挂牌企业信息披露相关责任人的披露义务

信息披露的责任人包括挂牌企业及其董事、监事、高管、股东、实际控制人等。在实践中,公司实际控制人和董事会秘书是最为重要的责任主体。对实际控制人来说,应做到不干涉、操纵或使用别的不正当手段干扰公司信息披露;而对董事会秘书而言,应做到恪尽职守,熟悉公司应发表的各项事项和披露时点,确保及时、全面、准确地发布相关信息,不存在虚假记载、误导性陈述或重大遗漏。

根据《非上市公众公司监管办法》规定,如果相关责任人员出现与本案类似的信息披露违规行为,证监会将采取责令改正、监管谈话、责令公开说明、出具警示函、认定为不适当人选等监管措施,并记入诚信档案;情节严重的,可以对有关责任人员采取证券市场禁入的措施;涉嫌违法犯罪的,立案调查或者移送司法机关。较为严厉的处罚条款从制度上提高了违法成本,对挂牌企业的实际控制人、高管等也形成了震慑。

各挂牌企业应从B公司信息披露违规案中吸取教训,引以为戒,严格遵守市场规则,切实履行应尽义务,避免类似问题再次发生。

(五) 案例3:C公司隐藏资金占用信息未披露

1. 案情介绍

C公司成立于2001年,公司主营业务为物流行业。2014年1月,C公司正式在新三板市场挂牌,现注册资本12,764万元。

2014年1月至2015年11月,深圳证监局调查发现,C公司在近两年的时间内与其关联方C1公司之间共发生113笔关联资金交易往来,关联方C1公司占用C公司资金最高达2,718万元,占C公司最近一期经审计归属于母公司所有者权益的27.46%、资产总额5.54%。实际上,C公司同时违反了信息披露规范中未及时披露关联交易的规定和非法占用挂牌企业资金的规定,在此主要对其信息披露违规情况进行分析。

深圳证监局的案件调查组通过逐笔梳理往来资金、对比往来交易背景及目的等方式,形成本次违规信息披露行为的证据链条。相关证据链条显示,梅某作为C公司董事长兼总经理、C1公司的董事长、C公司和C1公司的实际控制人,授权、知悉并直接主导了C公司在没有履行关联交易决策审议程序的前提下与C1公司发生关联资金交易。赵某作为C公司董事、副总经理兼董事会秘书,阮某作为C公司财务负责人,均直接参与了C公司和C1公司、梅某之间的关联资金交易。

对C公司与C1公司之间的交易往来,C公司未履行关联交易审议程序,也未在临时公告、《2014年半年度报告》、《2014年年度报告》和《2015年半年度报告》中予以披露。C公司因未及时披露关联交易信息的行为,违反了《证券法》第六十三条规定,构成《证券法》第一百九十三条所述违法行为。监管机构对C公司给予警告,处以30万元罚款;并对公司相关责任人处以3万元到5万元不等的罚款。事后,C公司随即发布《关于追认2015年度偶发性关联交易的公告》,对公司偶发性关联交易进行补充信息披露。

2. 违规处罚或监管措施

因关联交易未依法披露,C公司收到深圳证监局行政处罚决定书:对C公司给予警告,责令改正,并处以30万元罚款;对梅某给予警告,并处以5万元罚款;对赵某给与警告,并处以4万元罚款;对阮某给予警告,并处以3万元罚款。

比照各类信息披露违规的处罚结果,本案属于信息披露违规中较重的处罚。

附：对挂牌企业及当事人的行政处罚决定

《行政处罚决定书》

当事人：C公司。

梅某，C公司实际控制人、法定代表人、董事长兼总经理。

赵某，C公司董事、副总经理兼董事会秘书。

阮某，C公司财务负责人。

依据《中华人民共和国证券法》（以下简称《证券法》）的有关规定，我局对C公司信息披露违法案进行了立案调查、审理，并依法向当事人告知了作出行政处罚的事实、理由、依据及当事人依法享有的权利。当事人C公司要求陈述申辩和听证；梅某不要求陈述申辩和听证；赵某和阮某不要求陈述申辩。我局依法进行听证，听取了C公司的陈述和申辩。本案现已调查、审理终结。

经查明，C公司存在以下违法事实：

2014年1月至2015年11月间，C公司与控股股东C1公司之间共发生113笔关联资金交易，具体情况如下：

2014年1月至6月，C公司与C1公司之间共发生11笔关联资金交易，C公司累计支付给C1公司1,711万元。其中，2014年1月至5月，C1公司占用C公司的资金余额分别为1,655万元、1,655万元、1,660万元、1,660万元和1,648万元。

2014年7月至12月，C公司与C1公司之间共发生21笔关联资金交易，C公司累计支付给C1公司4,660万元。其中，2014年7月至11月，C1公司占用C公司的资金余额分别为1,784万元、1,798万元、1,802万元、1,805万元和2,007万元。

2015年1月至6月，C公司与C1公司之间共发生40笔关联资金交易，C公司累计支付给C1公司3,494万元。其中，2015年1月，C1公司占用C公司的资金余额为253万元。

2015年7月至11月,C公司与C1公司之间共发生41笔关联资金交易,C公司累计支付给C1公司3,798万元。其中,2015年7月至10月,C1公司占用C公司的资金余额分别为538万元、859万元、2,218万元和2,718万元。

此外,2014年5月28日,梅某转款1,000万元给C公司的全资子公司C2公司。同日,C2公司将1,000万元转给C公司。2014年6月5日、6日,C公司将上述1,000某万元直接还给梅某。

对于上述关联资金交易,C公司未履行关联交易审议程序,也未在临时公告、《2014年半年度报告》、《2014年年度报告》和《2015年半年度报告》中予以披露。

依据《企业会计准则第36号——关联方披露》第二条、第八条、第十条和第十一条,C公司与C1公司、梅某之间的资金往来,构成关联交易,应当在财务报表中予以披露。

C公司未及时披露关联交易信息的行为,违反了《证券法》第六十三条规定,构成《证券法》第一百九十三条所述违法行为。

梅某作为C公司董事长兼总经理、C1公司的董事长、C公司和C1公司的实际控制人,授权、知悉并直接主导了C公司和C1公司、梅某几方之间的关联资金交易,但其并未要求公司履行关联交易决策审议程序,也未要求公司在临时公告和相关定期报告中披露上述关联资金交易。梅某是对公司违法行为直接负责的主管人员。

赵某作为C公司董事、副总经理兼董事会秘书,C1公司两位股东之一,直接参与了C公司和C1公司、梅某之间的关联资金交易。作为主管信息披露工作的董事会秘书,赵某并未要求公司履行关联交易决策审议程序,也未要求公司在临时公告和相关定期报告中披露上述关联资金交易。赵某是对公司违法行为直接负责的主管人员。

阮某作为C公司财务负责人,在《2014年年度报告》中作为主管会计工作负责人签字,在《2014年半年度报告》和《2015年半年度报告》中作为会计机构负责人签字,并在C公司与C1公司、梅某资金往来的付款申请书上签字,其知悉并参与了C公司和C1公司、梅某之间的关联资金交易,但未要求公司在临时公告和相关定期报告中披露上述关联资金交易。阮某是公司违法行为其他直接责任人员。

上述事实,有公司自查报告、询问笔录、财务凭证、银行流水、定期报告等证据证明,足以认定。

C公司在陈述申辩和听证中提出以下意见,请求对其免于行政处罚:第一,对本案事实无异议,但认为不应当按照《证券法》第193条处罚,其他上市公司或新三板挂牌企业亦存在类似违规行为,均只受到自律监管措施或行政监管措施的处理。第二,关联交易行为系对监管规定理解有误,没有违法的主观恶意,且发现错误后立即纠错,并对主要责任人进行了内部责任追究。第三,积极进行整改,主动配合调查工作,未对市场造成严重影响。第四,如受到行政处罚,将对公司后续发展造成严重影响。

经复核,我局认为:第一,《国务院关于全国中小企业股份转让系统有关问题的决定》(国发〔2013〕49号)规定:"证监会应当比照证券法关于市场主体法律责任的相关规定,严格执法,对虚假披露、内幕交易、操纵市场等违法违规行为采取监管措施,实施行政处罚。"《非上市公众公司监督管理办法》第二十条规定:"公司及其他信息披露义务人应当按照法律、行政法规和中国证监会的规定,真实、准确、完整、及时地披露信息,不得有虚假记载、误导性陈述或者重大遗漏。公司及其他信息披露义务人应当向所有投资者同时公开披露信息。公司的董事、监事、高级管理人员应当忠实、勤勉地履行职责,保证公司披露信息的真实、准确、完整、及时。"第六十条规定:"公司及其他信息披露义务人未按照规定披露信息,或者所披露的信息有虚假记载、误导性陈述或者重大遗漏的,依照《证券法》第一百九十三条的规定进行处罚。"C公司为全国中小企业股份转让系统挂牌企业,根据上述规定,对其本案所涉信息披露违法行为,应当适用《证券法》第一百九十三条的规定进行处罚。第二,关于其他公司存在类似行为但未受到行政处罚的申辩意见与事实不符,而且,以此作为免于行政处罚的理由于法无据。第三,对于当事人配合调查和积极整改的行为在量罚时予以考虑。

根据当事人违法行为的事实、性质、情节与社会危害程度,依据《证券法》第一百九十三条的规定,我局决定:

一、对C公司给予警告,责令改正,并处以30万元罚款;

二、对梅某给予警告,并处以5万元罚款;

三、对赵某给予警告,并处以4万元罚款;

四、对阮某给予警告,并处以3万元罚款。

上述当事人应自收到本处罚决定书之日起15日内,将罚款汇交中国证券监督管理委员会,并将注有当事人名称的付款凭证复印件送中国证券监督管理委员会稽查局和深圳证监局备案。当事人如对本处罚决定不服,可在收到本处罚决定书之日起60日内向中国证券监督管理委员会申请行政复议,也可在收到本处罚决定书之日起6个月内直接向有管辖权的人民法院提起行政诉讼。复议和诉讼期间,上述决定不停止执行。

深圳证监局

2016年4月18日

3. 案例分析

(1) 对C公司违规行为的认定

C公司案主要属于重大遗漏,未能披露其本该披露的关联交易行为。C公司利用信息披露的定期报告有专门时点这一特征,在每次定期报告发布时点前将占用资金调回,形成的定期报告中看不出资金占用情形,审计的会计师事务所也很难将C公司违规占用资金的情况体现在定期报告中。因此,虽然C公司按时按规进行了信息披露,却未能如实反映资金占用信息,构成了信息披露违规。

从具体行为上来看,2014年1月至2015年11月间,C公司与控股股东C1公司之间共发生113笔关联资金交易,依据《企业会计准则第36

号——关联方披露》第二条、第八条、第十条和第十一条,C公司与C1公司、梅某之间的资金往来,构成关联交易,应当在财务报表中予以披露。而对于这一系列关联资金交易,C公司未履行关联交易审议程序,也未在临时公告、2014半年度报告、2014年度报告和2015半年度报告中予以披露。因此,C公司未及时披露关联交易信息的行为,构成信息披露违规。

(2) C公司违规行为的特征分析

从C公司的违规行为来看,具有以下特征:一是未披露的关联交易频率较高,具有多次交易的记录;二是关联交易的金额较大,C1公司占用资金的占比已经超过C归属母公司所有者权益的25%以上;三是关联交易具有较强的隐蔽性,C公司与C1公司的关联交易一直未能体现在C公司的定期报告中,在每次定期报告截止时点前C公司已将与C1公司的往来款余额清零,而资金在下一个报告期期初又从C公司逐步转出,从而使定期报告中无法直观反映出资金占用的事实。

(3) 对误导性违规披露的处罚较重

事实上,在C公司之前,并非没有挂牌企业对于关联资金进行隐瞒,甚至还有情况更为严重的信息披露违规行为,但大多仅被股转公司采取约谈、出具警示函等自律监管措施。正如C公司在陈述申辩和听证中指出,"其他上市公司或新三板挂牌企业亦存在类似违规行为,均只受到自律监管措施或行政监管措施的处理"。

C公司所受的行政处罚较一般情形而言更为严厉,是因为C公司刻意隐瞒资金被关联方占用的情况,该违规行为含有更高的主观恶意成分和较强的隐蔽性,旨在逃避监管和处罚。

由深圳证监局做出的这一行政处罚,彰显了监管机构对新三板信息披露规范的重视,和对故意规避监管行为的严惩。

4. 案例启示

C公司受到深圳证监局行政处罚,是各地证监局集中核查新三板企业大股东占款和关联交易以来首例行政处罚,是新三板市场监管从严趋势的最新表现,给挂牌企业敲响了警钟。

C公司案被冠以"新三板市场信息披露违规的首次行政处罚"之名,表明监管机构对存在主观恶意违规行为的惩治决心。因此,挂牌企业应规范运作,不要用各类手段试图规避监管。同时,各中介机构也应及时提醒挂牌企业,切勿采取恶意手段规避监管,一旦触碰监管红线,这些违规行为将受到比过失违规更重的处罚。

(六) 案例4:D公司对外信息披露不一致

1. 案情介绍

D公司成立于2008年5月,主营业务为生产线性机械手及工业机器人。2014年1月,D公司成为新三板扩容后首批挂牌企业,现注册资本为3,450万元。

2015年12月25日,D公司公开披露了《重大资产重组预案(二)(修订案)》,根据该重组预案,D公司拟向董事长尹某实际控制的D1公司及其管理的私募投资基金发行股票募集资金,发行数量不超过3.5亿股,发行价格为每股30元,预计募集资金总额不超过105亿元,D公司表示,募集资金主要用于扩充公司流动资金、布局全球销售渠道、研发投入及扩大产能。

根据监管机构调查的材料显示,在D公司的定向增发等信息公告披露后当日,尹某就在微信公众号"××投资"上发表了一篇宣传性文章,该文章所揭示的募集资金用途与D公司在股转公司信息披露平台中所公开披露的说法出现了不一致的情况。D公司董事长尹某在微信公众号推送文章中,表示"D1公司及其管理的私募投资基金拟出资105亿元参与认购D公司股票,认购股份不超过3.5亿股,认购价格为30元/股,资金用于智能制造产业的资源整合,预计D公司到2025年将实现千亿营收……"。

因此，广东证监局就此事出具了监管关注函，股转公司也作出了约见谈话的监管处罚决定。针对监管措施和处罚，D公司表示，微信公众号描述主要是投资公司站在其经营的层面考虑，投资公司通过其新设立的公众号平台对即将发行基金募资参与D公司定增的情况进行宣传，未注意到因投资公司的实际控制人与D公司的实际控制人为同一人存在关联关系的情况；在广东证监局提出疑问后，D1公司也及时删除了已发布的微信推送文章。D公司董事长尹某在微信公众号中发布的与挂牌企业定增有关的重要内容与D公司在股转公司信息披露平台中公开披露的内容不一致，构成了信息披露违规。

此外，D公司于2015年11月13日发布了一份名为《关于终止股票发行方案》的公告。D公司在公告中表示，一方面，此前公司发布了一份股票发行方案，但由于发行方案时D公司股东人数已超200人，根据《非上市公众公司监督管理办法》及相关规定，公司需要经证监会核准后方可发布《认购意向书》，而D公司目前尚未获得证监会核准，因此终止本次股票发行。另一方面，根据股转公司2015年10月30日发布的《挂牌企业股票发行常见问题解答（二）——连续发行》的规定，拟连续发行股票的挂牌企业，应当在前一次股票发行的新增股份登记手续完成后，才能召开董事会审议下一次股票发行方案。而D公司前一次股票发行新增股份没有登记完成，不得启动下一次股票发行的董事会决策程序。所以综合各方面的考虑，公司决定终止本次股票发行。D公司股票发行方案失败，很大程度上市由于公司董事长在定增相关信息方面的信息披露违规所引发，属于违规行为所带来的连锁后果。

2. 违规处罚或监管措施

D公司于2016年1月26日收到了广东证监局出具的《关于对D公司的监管关注函》，该监管关注函就D公司信息披露中的违规问题，引用了相关条文，做了较为具体的阐述。监管关注函的法律效力与监管措施不同,监管关注函是处罚或监管措施作出前的调查性文书,通过监管关注函,监管机构向 D 公司表明其对其违规行为的关注,同时警示其尽早改正违规行为。

附:对挂牌企业的监管关注函

《关于对 D 公司的监管关注函》

近日,我局在日常监管中发现,你公司在信息披露中存在以下问题:

一、2015 年 12 月 25 日,你公司在全国中小企业股份转让系统网站上披露了《重大资产重组预案(二)(修订案)》(以下简称《修订案》),其中提出"公司拟向 D1 公司及其管理的私募投资基金发行股票募集资金,发行数量不超过 3.5 亿股,发行价格为每股 30 元,预计募集资金总额不超过 105 亿元,募集资金主要用于扩充公司流动资金、布局全球销售渠道、研发投入及扩大产能"。

同日,你公司董事长、总经理尹某在其实际控制的微信公众号"××投资"上发表微信文章,主要内容为"2015 年 12 月 25 日,D 公司公司披露了《修订案》,D1 公司及其管理的私募投资基金拟出资 105 亿元参与认购 D 公司公司本次股票发行,认购股份不超过 3.5 亿股,30 元/股。D1 公司预计共发行 35 只基金,每只基金 200 人,共 7,000 人,每人认购额不超过 150 万元,总额达 105 亿元,资金用于智能制造产业的资源整合,预计 D 公司到 2025 年将实现千亿营收"。上述《修订案》和微信文章对你公司该次发行股份募集资金的发行认购安排、募集资金用途及效果等披露内容不完全一致。

二、《修订案》中提出"本次募集资金不以本次发行股票购买资产的成功为前提,发行股票购买资产的成功与否不影响本次募集资金的履行及实施"。但是,你公司于 2015 年 12 月 25 日在全国中小企业股份转让系统网站上披露的《第一届董事会第二十七次会议决议公告》、2016 年 1 月 6 日披露的《第一届董事会第二十八次会议决议公告》和《关于终止〈重大资产重组预案(二)〉(修订案)的公告》中分别提出"拟进行本次发行股份购买资产同时配套募集资金","因公司配套募集资金的需要,于2015年12月24日召开第一届董事会第二十七次会议,会议审议通过了《修订案》","因公司前次重大资产重组尚未完成股份登记工作,故本次《修订案》中的发行股份配套募集资金的方案也将终止",上述公告对本次发行股份募集资金是否属于本次重大资产重组配套募集资金的披露内容不一致。

你公司上述行为违反了《非上市公众公司监督管理办法》第二十条、二十九条的规定。为此,我局要求你公司应高度重视上述问题,认真吸取教训,切实加强相关法律法规学习,严格依法依规做好信息披露工作,杜绝类似问题再次发生。

广东证监局

2016年4月18日

在收到监管关注函后,D公司也及时做了申辩。但股转公司仍基于D公司的违规情形,并根据《全国中小企业股份转让系统业务规则(试行)》第6.1条的规定,决定对D公司采取约见谈话的自律监管措施。

对于违规问题的处罚,本案代表了这么一种模式:地方证监局发现问题——通知当事公司整改并报股转公司——股转公司查明情况并作出自律监管处罚措施。如果违规案件的案情较为严重,股转公司的自律监管措施已经不足以起到惩戒的作用,那么股转公司还可进一步上报证监会,由证监会做出相对严厉的处罚。

附:相关自律监管措施文件

《关于对 D 公司采取约见谈话自律监管措施的决定》

当事人:D 公司,法定代表人尹某。

经查明,你公司披露的《重大资产重组预案(二)》(修订案)、《第一届董事会第二十七次会议决议公告》、《第一届董事会第二十八次会议决议公告》和《关于终止〈重大资产重组预案(二)〉(修订案)的公告》等公告中,对你公司该次发行股份募集资金是否属于本次重大资产重组配套募集资金的披露内容存在不一致。

同时,你公司披露的《重大资产重组预案(二)》(修订案)和你公司董事长、总经理尹某在其实际控制的 D1 公司的微信公众号上发表的文章,对你公司该次发行股份募集资金的发行认购安排、募集资金用途及效果等披露内容不完全一致。

上述行为违反了《非上市公众公司监督管理办法》第二十条和第二十八条和第二十九条、《全国中小企业股份转让系统业务规则(试行)》第 1.5 条的规定,构成信息披露违规。

鉴于上述违规事实,根据《全国中小企业股份转让系统业务规则(试行)》第 6.1 条的规定,我司决定对你公司采取约见谈话的自律监管措施。现要求你公司董事长尹某、董事会秘书刘某于 2016 年 5 月 11 日携带有效身份证件到我司接受谈话。

股转公司

2016 年 4 月 29 日

3. 案例分析

(1) 自媒体和其他途径的信息披露

股转公司正式运行前,挂牌企业通过深圳证券信息公司进行信息披露,自 2015 年 1 月 12 日股转公司信息披露系统正式上线运行后,挂牌企业的信息披露不再通过深圳证券信息公司平台进行披露,而是直接发布在股转公司自己的平台。券商也将通过股转公司信息披露系统,协助挂牌企业报送拟披露的公告。

随着科技的不断发展和进步,信息披露的媒体也迈入了自媒体时代,微信公众号、朋友圈、微博等新的社交工具让信息传递变得更为快捷和方便。自媒体信息披露问题也成为了信息披露中的重要问题。

鉴于新三板市场有专门的信息披露平台，挂牌企业在其他渠道公开发言或发文时就应当注意信息披露一致性等合规问题。在通过股转公司信息披露系统公开披露相关信息前，重要信息不得通过其他途径向外公开。具体来说，董事长、其他高管和其他接触相关信息的人员均不可以谈及与信息披露相关的敏感信息，直至该信息已经通过股转公司信息披露系统等监管部门要求的信息披露渠道正式披露。在股转公司信息披露系统公开披露后，挂牌企业方可在其他渠道对外披露，且披露内容应与股转公司信息披露系统所披露的内容一致。

在当下信息化时代，鉴于自媒体的运用越来越广泛，有必要研究更为便捷的信息披露模式——同步披露机制。所谓同步披露，是指挂牌企业可以预设同步披露渠道，包括公司官网、官方微博和微信公众号等。一旦挂牌企业在股转公司信息披露系统平台上公开披露了经审查后的信息，那么预设的各类渠道可以同步发送一致的相关信息。这样，一方面确保了公司对外信息披露的一致性，另一方面也为投资者、市场参与者更便捷地了解和关注公司动态提供了便利，更好地体现信息披露的及时性。

（2）关于信息披露的一致性

在D公司案中，如果不是出现"微信公众号推送"所引发的信息披露违规问题，D公司的定增计划在程序中的瑕疵并不明显。从本案中吸取的教训是，挂牌企业自行对外披露的信息不能与报股转公司的披露信息有差异，特别是涉及到资产重组、定向增发等敏感信息的，如果出现自媒体上披露信息与官方披露信息不一致，就会导致挂牌企业受到监管机构的审查甚至处罚。

同时，挂牌企业也不能出现应当在股转披露系统中明确披露而未披露，却在事后通过其他途径对外公开的情形。举例来说，如果某挂牌企业在股转公司信息披露平台中披露了拟收购企业的信息，但收购价格等具体数字尚未确定。一旦某高管在随后确定收购价格时，未在股转公司信息披露平台公布就发了微信朋友圈公布收购价格，由于价格信息会对挂牌企业的股价造成直接或潜在的影响。未经及时向股转信息披露系统进行披露就直接发送微信公众号、微博等自媒体的行为属于信息披露违规,需承担一定的违规责任。

(3) 新三板定增计划的合理性

除了信息披露问题等程序性问题外,D公司案之所以引人瞩目,主要原因在于当时这一笔105亿元的定增计划流产,定增计划不合理是D公司定增失败的重要原因。

从数据上来看,2015年D公司的营业收入和净利润分别为1.31亿元和1,350.65万元,净资产为6,926.48万元。如果实现105亿元定增,相当于D公司净资产规模膨胀151倍,而且将超过九鼎投资单次融资100亿元的规模。D公司挂牌之后一直到事件发生时,在新三板市场融资总金额为2,821万元,获得银行授信5,700万元,甚至公司高管在公开发言中也表示目前在新三板市场募集的资金"对公司当下发展够用了"。但D公司提出了"105亿元"这样与实际发展和需要并不完全匹配的定增计划,这种脱离了公司体量规模和实际发展需求的资本运作也不利于公司的长期、健康发展。以此为鉴,新三板挂牌企业在制定资本运作计划的同时,应当仔细斟酌、反复论证,再行实施。

4. 案例启示

(1) 信息披露监管要更全面

监管信息披露对于监管机构而言并非易事,挂牌企业的信息披露的真实性、及时性和有效性等方面都是需要注意的关键要素。随着科技的进步,信息披露方式的多元化也对信息披露监管提出了更高要求。

监管机构可通过自行发现问题、投资者举报等多种途径,了解挂牌企业信息披露的规范性问题。

(2) 挂牌企业的董监高对外言行要谨慎

信息披露是高管培训的重点内容之一,什么信息可以披露,什么信息不可以对外披露,在什么时间披露,信息披露的途径和方式,对外披露信息的一致性等问题,都是需要公司高管特别关注的。

新三板挂牌企业董监高掌握了挂牌企业的最新最全的信息,在公开宣讲公司未来战略规划时会出现无意中将一些应当保密的信息泄露出来的情形。所以,公司董监高应当明确新三板挂牌企业和普通公司在信息披露方面的区别,对外的言行一定要谨慎,谨防"祸从口出"。

挂牌企业的董秘应在重大信息披露环节对相关人员(包括董监高以及其他可能和所披露的重大信息有接触的相关人员)进行风险提示。董秘不仅自己要在对外信息披露事宜方面做到该披露的及时披露,不该披露的决不随便提及,同时也肩负着监督董监高等相关人员的言行是否符合新三板挂牌企业信息披露的相关要求。

(3) 对挂牌企业的督导要尽职尽责

企业完成挂牌后,作为挂牌企业的督导券商最重要的工作就是尽责地履行督导义务。督导券商应通过自己的从业经验,在信息披露等重点问题上指导挂牌企业尽可能避免违规。今后,随着市场监管越来越规范和严格,对持续督导券商的要求也在不断提升。

(七) 案例 5:E 公司财务数据披露错误

1. 案情介绍

E 公司成立于 2008 年 8 月,主营业务为光伏设备及元器件制造。2015 年 9 月,E 公司正式在新三板市场挂牌交易,现注册资金 41,200 万元。

根据股转公司发布的监管公告,E 公司在申请挂牌过程中存在以下信息披露的违规行为:E 公司申报财务报表中,对于已达到固定资产确认条件的在建工程未及时结转至"固定资产"科目,不符合《企业会计准则》要求。该公司在 2015 年报中对该事项进行会计差错更正,对 2014 年度营业成本追溯调增451.64万元,调整后的2014年度净利润较申报报表减少383.89万元,占公司2014年度净利润的21.72%。

E公司作为信息披露第一责任人,未能保证申请挂牌文件信息披露的真实、准确、完整,违反了《全国中小企业股份转让系统业务规则(试行)》第1.5条的规定。在违规行为发生后,E公司的两位高管均被股转公司处以"约见谈话并提交书面承诺"的监管措施。

在违规事件发生后,E公司积极进行补救和改正,E公司于2016年3月从外部聘任了新的财务总监,同时通过外部招聘进一步充实了财务人员。此外,E公司还聘请了专门的管理咨询机构,设立了董事会审计委员会管辖的内控与审计部门。

同时,由于E公司财务数据披露有误,股转公司也对E公司的持续督导券商、会计师事务所进行了处罚。中介机构应当保障挂牌企业披露的财务数据准确性和真实性,特别是会计师事务所,股转公司对中介机构的监管措施也强调了持续督导券商和会计事务所的勤勉义务和监督义务。

2. 违规处罚或监管措施

股转公司对E公司出具了警示函,对E公司高管张某忠、张某祥处以约见谈话并提交书面承诺的监管措施,并对持续督导券商、会计师事务所出具了警示函。

附:对挂牌企业的自律监管措施文件

《关于对E公司、张某忠及张某祥采取自律监管措施的决定》

当事人:E公司,法定代表人张某忠。

张某忠,时任E公司董事长。

张某祥,时任E公司财务总监。

经查明,你公司在申请挂牌过程中存在以下信息披露的违规行为:

你公司申报财务报表中对于已达到固定资产确认条件的在建工程

未及时结转固定资产,不符合《企业会计准则》要求。公司在2015年年报中对该事项进行会计差错更正,对2014年度营业成本追溯调增451.64万,调整后的2014年度净利润较申报报表减少383.89万元,占公司2014年度净利润的21.72%。你公司作为信息披露第一责任人,未能保证申请挂牌文件信息披露的真实、准确、完整。

E公司的上述行为违反了《全国中小企业股份转让系统业务规则(试行)》第1.5条的规定。对公司申报财务报表编制错误行为,时任董事长张某忠、财务总监张某祥未能忠实、勤勉地履行职责,未尽保证公司信息披露真实、准确、完整的义务,负有重要责任。

董事长张某忠、财务总监张某祥的上述行为违反了《全国中小企业股份转让系统业务规则(试行)》第1.5条的规定。

鉴于上述违规事实和情节,根据《全国中小企业股份转让系统业务规则(试行)》第6.1条的规定,我司做出如下决定:

对E公司给予出具警示函的监管措施。

对张某忠给予约见谈话并提交书面承诺的监管措施。

对张某祥给予约见谈话并提交书面承诺的监管措施。

现要求E公司董事长张某忠、财务总监张某祥于2016年8月1日携带有效身份证件到我司接受谈话,并提交书面承诺。书面承诺的内容应包括具体的整改措施,公司及董事长张某忠、财务总监张某祥应当保证以后将规范公司治理,加强内部控制,保证信息披露内容真实、准确、完整,并就其保证承担责任。

股转公司

2016年7月14日

附:对会计师事务所自律监管措施文件

《关于对E会计师事务所采取警示函自律监管措施的决定》

当事人:E会计师事务所,为对E公司申报报表出具审计报告的会计师事务所。

经查明,你所在提交的《E公司审计报告》文件中存在以下违规行为:

E公司申报财务报表中对于已达到固定资产确认条件的在建工程未及时结转固定资产,不符合《企业会计准则》要求。公司在2015年年报中对2014年度营业成本追溯调增451.64万,调整后的2014年度净利润较申报报表减少383.89万元,占公司2014年度净利润的21.72%。公司申报财务报表未能公允反映2014年度的经营成果,但你所仍出具标准无保留的审计意见。

E会计师事务所的上述行为违反了《全国中小企业股份转让系统业务规则(试行)》第1.7条的规定。

鉴于上述违规事实和情节,根据《全国中小企业股份转让系统业务规则(试行)》第6.1条的规定,我司做出如下决定:

对E会计师事务所给予出具警示函的监管措施。

提醒你所进一步健全内部控制,强化内部管理,严肃追究相关人员责任,并进一步提高全员合规意识和风险意识,履行勤勉尽责的义务。

股转公司
2016年7月14日

附:对督导券商自律监管措施文件

《关于对E证券采取警示函的自律监管措施的决定》

当事人:E证券为推荐E公司挂牌的持续督导券商。

经查明,你公司在提交的《关于E公司尽职调查报告》(以下简称"《尽调报告》")中存在以下未勤勉尽责的行为:

E公司申报财务报表中对于已达到固定资产确认条件的在建工程未及时结转固定资产,不符合《企业会计准则》要求。公司在2015年年报中对该事项进行会计差错更正,对2014年度营业成本追溯调增451.64

万,调整后的 2014 年度净利润较申报报表减少 383.89 万元,占公司 2014 年度净利润的 21.72%。持续督导券商项目小组在《尽调报告》中描述:核实固定资产入账时间及入账价值准确,购买和处置能够履行审批程序。

E 证券的上述行为违反了我司《全国中小企业股份转让系统业务规则(试行)》第 1.5 条的规定。

鉴于上述违规事实和情节,根据《全国中小企业股份转让系统业务规则(试行)》第 6.1 条的规定,我司做出如下决定:

对 E 证券给予出具警示函的监管措施。

提醒你公司进一步健全内部控制,强化内部管理,严肃追究相关人员责任,并进一步提高全员合规意识和风险意识,勤勉尽责开展挂牌推荐业务工作。

股转公司

2016 年 7 月 14 日

3. 案例分析

(1) E 公司违规行为原因

财务数据出现差错有多方面原因,既有可能是无意间计算错误,导致公开披露的财务数据与公司实际运作的财务数据不一致,也有可能是人为故意的,例如通过做假账、虚增利润等方式维稳股价,还有可能是挂牌企业提供的材料很清楚但由于会计师事务所失误而造成财务数据披露存在问题。因此,很难直接确定 E 公司财务数据有误这一违规到底是出于何种原因。但不管出于什么样的原因,相关人员都会因为失误和失职等因素受到处罚。

(2) 财务信息披露错误后的处理

按照相关规定,定期报告在股转公司网站披露后,挂牌企业或持续督导券商如发现有重大错误或遗漏需要更正或补充的,挂牌企业应依照

《全国中小企业股份转让系统挂牌企业持续信息披露业务指南(试行)》的规定发布更正或补充公告,并重新披露相关公告,原已披露的公告不做撤销。所以,一旦挂牌企业发现披露的公司信息有问题,一是不能存在侥幸心理蒙混过关,二是要及时通过更正、补充公告重新对外披露,而不是撤销原公告进行修改。

(3) 对财务信息披露违规的追溯处理

股转公司对于E公司的自律监管措施,从某种层面上类似于诉讼程序中的"追溯"处罚。虽然在《业务规则》中并未明确规定是否要对过往信息披露违规行为进行追溯,但是E公司案却提供了一个参考和借鉴,从实践中肯定了监管机构可以就已经过去的信息披露行为进行追溯和追究,进一步向市场证明了监管机构对违规行为的查处决心,值得新三板市场各参与主体重视,不要对违规行为存在侥幸心理。

4. 案例启示

挂牌企业的年度报告须参照股转公司发布的《全国中小企业股份转让系统挂牌企业年度报告内容与格式指引(试行)》(以下简称《年报内容与格式指引》)的要求进行披露,主要内容包括重要提示、目录和释义、公司简介、会计数据和财务指标摘要、管理层讨论与分析、重要事项、股东变动及股东情况、董事监事高管及核心员工情况、公司治理及内部控制、财务报告和备查文件目录等十个章节。

其中,挂牌企业的财务报告必须经具有证券期货相关业务资格的会计师事务所审计。并且一旦财务报告中出现数据差错,不仅挂牌企业会受到处罚,出具审计报告的会计师事务所也难辞其咎。

因此,在未来的市场运行中,挂牌企业和中介机构都应当谨慎、仔细对待信息披露的各个细节,核查确认信息披露中出现的任何数据,避免在最基本的环节上出现问题。

（八）案例6：F公司披露信息不完整

1. 案情介绍

F公司前身成立于2000年12月，主营业务为基金管理服务。2015年3月F公司正式在新三板挂牌，现注册资本为1,082,847.80万元。

2015年11月，在股转公司挂牌仅6个月的F公司即遭到深圳证监局的自律监管措施，分别对F公司及其董事长单某做出处罚。

F公司和单某存在的问题有几方面，但主要集中在信息披露不完整问题上：①公司负面信息一直没有公开披露；②重要投融资消息未能及时披露；③在公开披露重要投资消息前，相关消息已被媒体所知并进行了传播，公司存在披露不透明的情形。

F公司于2015年首次披露再融资300亿元的计划，之后董事长单某在接受媒体采访时表示，将用其打造50家市值在千亿级的上市公司、包括并购上市公司等。但具体的募资方向并未出现在F公司公开披露的信息中。此后不久，有媒体报道F公司董事长宣布F公司未来5年内将拿出100亿元来支持旗下互联网创业平台的项目，而股转公司信息披露平台上，F公司尚未对此发布公告。

2015年10月10日，F公司董事会审议通过公司全资子公司拟以4,000万美元收购一家非关联公司F1公司9.9%股权的议案，并于10月13日在股转公司中进行了披露，而10月12日，有关F公司将斥资4亿美元投资F1公司的信息已被媒体大量报道，同时公司董事吴某于9月底接受媒体采访时已宣布F公司将投资数亿美元与F1公司共同打造新产品。

F公司存在的问题一是向媒体发布信息的时间早于其在指定信息披露平台披露的时间，二是媒体报道投资金额与公告中的收购金额存在较大差异，对此公司未对媒体作出澄清。

此外，2015年监管机构对F公司的子公司F2公司此前存在涉嫌信息披露违法行为进行立案调查，并发布调查通知。而对F公司而言，其子公司F2公司被立案调查这么重要的事情，F公司竟然在信息披露中只字未提，没有及时向投资者说明子公司F2被立案调查方面的潜在风险。

深圳监管局指出，F公司应立即对信息披露问题予以整改，并进一步完善公司信息披露机制，规范接受采访和媒体信息发布行为。同时，监管机构还要求F公司应在收到监管措施决定书之日起15个工作日内提交书面整改报告。

F公司表示，公司对因未能足够了解有关的法律法规和挂牌企业信息披露细则而造成的违规行为致歉，控股股东单某就其在接受采访时披露未经公司正式公告信息的行为致歉。作为在新三板挂牌的公众公司，F公司还表示今后将以主板信息披露的标准严格规范自己的信息披露行为，单某也将谨慎接受媒体采访，凡涉及公司的信息均以公司正式公告为准。

2. 违规处罚或监管措施

通常信息披露违规是由股转公司检查并出具自律监管措施的，但本案的监管措施是由地方证监局在调查取证后直接作出，这也表明无论是证监会、地方证监局还是股转公司，对于信息披露违规都有监管的权力和义务。

附：对F公司采取监管措施的文件

《关于对F公司采取责令改正措施的决定》

经查，我局发现你公司在信息披露方面存在以下问题：

一、我局于2015年5月20日对你公司子公司F2公司涉嫌信息披露违法行为进行立案调查，5月26日向F2公司送达了调查通知书。检查发现，你公司未对F2公司被我局立案稽查事项在中国证监会指定信息披露平台进行信息披露。

二、你公司于 2015 年 9 月 9 日在股转公司信息披露平台发布公告,首次披露再融资 300 亿元的计划。检查发现,你公司董事长在之后接受媒体采访时表示,F 公司将使用 300 亿元募集资金进行并购,包括对上市公司的并购,打造 50 家市值在千亿级的上市公司。上述募集资金的投向未在 9 月 9 日的公告中披露。你公司信息披露内容不完整。

三、2015 年 9 月,媒体报道你公司董事长表示,你公司在未来 5 年内将拿出 100 亿元来支持旗下互联网创业平台的创业项目。检查发现,针对上述媒体报道,你公司未发布公告予以澄清。

四、2015 年 10 月 10 日,你公司董事会审议通过公司全资子公司拟以 4,000 万美元收购 F1 公司 9.9% 股权的议案,你公司于 2015 年 10 月 13 日在股转公司信息披露平台对上述事项进行了披露。检查发现,你公司董事吴某于 9 月底接受媒体采访,宣布 F 公司将投资数亿美元与 F2 公司共同打造新产品;10 月 12 日,有关 F 公司将斥资 4 亿美元投资 F2 公司的信息已被媒体大量报道。你公司在媒体上发布信息的时间早于在证监会指定信息披露平台披露的时间。媒体报道的投资金额与你公司公告中的收购金额存在较大差异,你公司未对媒体报道中的误导性陈述予以澄清。

你公司上述行为违反了《非上市公众公司监督管理办法》第二十条、第二十五条、第二十九条的规定。根据《非上市公众公司监督管理办法》第五十六条的规定,我局决定对你公司采取责令改正的监督管理措施。你公司应立即对上述问题予以整改,并进一步完善公司信息披露机制,规范接受采访和媒体信息发布行为。你公司应在收到本决定书之日起 15 个工作日内向我局提交书面整改报告。

如果对本监督管理措施不服的,可以在收到本决定书之日起 60 日内向中国证券监督管理委员会提出行政复议申请,也可以在收到本决定书之日起 3 个月内向有管辖权的人民法院提起诉讼。复议与诉讼期间,上述监督管理措施不停止执行。

深圳证监局
2015 年 11 月 11 日

附：对 F 公司董事长单某采取监管措施的文件

《关于对单某采取出具警示函措施的决定》

经查,我局发现 F 公司在信息披露方面存在以下问题:

一、我局于 2015 年 5 月 20 日对 F 公司子公司 F2 公司涉嫌信息披露违法行为进行立案调查,5 月 26 日向 F2 公司送达了调查通知书。检查发现,F 公司未对 F2 公司被我局立案稽查事项在中国证监会指定信息披露平台进行信息披露。

二、F 公司于 2015 年 9 月 9 日在股转公司信息披露平台发布公告,首次披露再融资 300 亿元的计划。检查发现,你在接受媒体采访时表示,F 公司将使用 300 亿元募集资金进行并购,包括对上市公司的并购,打造 50 家市值在千亿级的上市公司。上述募集资金的投向未在 9 月 9 日的公告中披露。F 公司信息披露内容不完整。

三、2015 年 9 月,媒体报道你在采访中表示,F 公司在未来 5 年内将拿出 100 亿元来支持旗下互联网创业平台的创业项目。检查发现,针对上述媒体报道,F 公司未发布公告予以澄清。

四、2015 年 10 月 10 日,F 公司董事会审议通过公司全资子公司拟以 4,000 万美元收购 F1 公司 9.9%股权的议案,F 公司于 2015 年 10 月 13 日在股转公司信息披露平台对上述事项进行了披露。检查发现,F 公司董事吴某于 9 月底接受媒体采访,宣布 F 公司将投资数亿美元与 F1 公司共同打造新投资项目;10 月 12 日,有关 F 公司将斥资 4 亿美元投资 F1 公司的信息已被媒体大量报道。F 公司在媒体上发布信息的时间早于在证监会指定信息披露平台披露的时间。媒体报道的投资金额与 F 公司公告中的收购金额存在较大差异,F 公司未对媒体报道中的误导性陈述予以澄清。

F公司上述行为违反了《非上市公众公司监督管理办法》第二十条、第二十五条、第二十九条的规定。你作为F公司董事长兼总经理,且多次接受采访发布F公司未披露的信息,对上述问题负有主要责任。根据《非上市公众公司监督管理办法》第六十二条的规定,我局决定对你采取出具警示函的监督管理措施。

如果对本监督管理措施不服的,可以在收到本决定书之日起60日内向中国证券监督管理委员会提出行政复议申请,也可以在收到本决定书之日起3个月内向有管辖权的人民法院提起诉讼。复议与诉讼期间,上述监督管理措施不停止执行。

深圳证监局
2015年11月11日

3. 案例分析

(1) F公司违规行为原因

F公司信息披露较为混乱,有的该披露的信息未披露,有的披露时点有误,未能很好掌握新三板市场临时报告披露的相关规范。

临时报告披露的是"应当披露的重大信息",而重大信息指的是对挂牌企业股票及相关证券转让价格可能产生较大影响的事项。此外,对挂牌企业股票及相关证券转让价格可能产生较大影响的挂牌企业控股子公司相关信息,也视同挂牌企业的重大信息。

F公司董事长单某在接受采访时,为了达到宣传公司资金雄厚的目的,公开了尚未披露的并购重组重要信息,无意间构成了信息披露违规。对于公众公司来说,适当的公关形象维护可以理解,但是公关形象塑造应当建立在依法合规的框架下。F公司董事长对信息披露规范的违反,并不能帮助其公司构建一个资金雄厚的形象,反而适得其反,让F公司因此蒙受了处罚,对公司形象造成了负面影响。

(2) 媒体公布信息时应确保公司信息披露规范性

从300亿元融资到90亿元公司债,再从设立股权众筹平台到拿下

F1公司打造新产品,F公司通过媒体描绘了一幅战略蓝图,却忽略了最基本的信息披露义务。F公司及董事长单某存在信息披露不完整、重要事项未披露以及未澄清媒体的误导性陈述等行为,遭到了证监会的警示处罚。

与媒体互动频繁的公众公司,应注意维护公共关系与满足监管需要之间的平衡。在通过媒体对外宣传公司信息时,首先要审核一下信息是否合规、信息发布的时点是否符合监管要求等,避免为公司带来负面影响。

(3) 需要临时披露的情况列举

结合相关法律规定,对新三板挂牌企业应当进行临时披露的相关事件梳理如下:

1) 挂牌企业召开董事会会议,会议内容涉及应当披露的重大信息,公司应当以临时公告的形式及时披露;决议涉及根据公司章程规定应当提交经股东大会审议的收购与出售资产、对外投资(含委托理财、委托贷款、对子公司投资等)等事项,公司应当在决议后及时以临时公告的形式披露。

2) 挂牌企业召开监事会会议,涉及应当披露的重大信息,公司应当以临时公告的形式披露。

3) 挂牌企业召开股东大会,应当在会议结束后两个转让日内将相关决议以临时公告的形式披露。

4) 除日常关联交易之外的其他关联交易,挂牌企业应当经过股东大会审议并以临时公告的形式披露。

5) 挂牌企业对涉案金额占公司最近一期经审计净资产绝对值10%以上的重大诉讼、仲裁事项以临时公告的形式披露。

6) 挂牌企业应当在董事会审议通过利润分配或资本公积转增股本方案后,以临时公告的形式披露方案具体内容,并于实施方案的股权登记日前披露方案实施公告。

7) 股票转让被全国股份转让系统认定为异常波动的,挂牌企业应当于下一股份转让日披露异常波动公告。

8) 公共媒体传播的消息可能或者已经对公司股票转让价格产生较大影响的,挂牌企业应当及时向持续督导券商提供有助于甄别传闻的相关资料,并决定是否发布澄清公告。

9) 实行股权激励计划的挂牌企业,应当严格遵守全国股份转让系统有关规定,并履行披露义务。

10) 限售股份在解除转让限制前,挂牌企业应披露相关公告。

11) 在挂牌企业中拥有的权益份额达到该公司总股本5%及以上的股东,其拥有权益份额变动达到全国股份转让系统规定标准的,该股东应当按照要求及时通知挂牌企业并披露权益变动公告。

12) 挂牌企业和相关信息披露义务人披露承诺事项的,应当严格披露承诺事项。

13) 全国股份转让系统对挂牌企业实行风险警示或作出股票终止挂牌决定后,公司应当及时披露。

14) 挂牌企业出现以下情形之一的,应当自事实发生之日起两个转让日内以临时公告的形式披露:

① 控股股东或实际控制人发生变更;

② 控股股东、实际控制人或者其关联方占用资金;

③ 法院裁定禁止有控制权的大股东转让其所持公司股份;

④ 任一股东所持公司5%以上股份被质押、冻结、司法拍卖、托管、设定信托或者被依法限制表决权;

⑤ 公司董事、监事、高级管理人员发生变动,董事长或者总经理无法履行职责;

⑥ 公司减资、合并、分立、解散及申请破产的决定,或者依法进入破产程序、被责令关闭;

⑦ 董事会就并购重组、股利分派、回购股份、定向发行股票或者其他证券融资方案、股权激励方案形成决议;

⑧ 变更会计师事务所、会计政策、会计估计;

⑨ 对外提供担保（挂牌企业对控股子公司担保除外）；

⑩ 公司及其董事、监事、高级管理人员、公司控股股东、实际控制人在报告期内受有权机关调查、司法纪检部门采取强制措施、被移送司法机关或追究刑事责任、中国证监会稽查、中国证监会行政处罚、证券市场禁入、认定为不适当人选，或受到对公司生产经营有重大影响的其他行政管理部门处罚；

⑪ 因前期已披露的信息存在差错、未按规定披露或者虚假记载，被有关机构责令改正或者经董事会决定进行更正；

⑫ 持续督导券商或全国股份转让系统认定的其他情形；

⑬ 作为新三板挂牌的公众公司，公司今后将以主板的标准进行信息披露，公司的发言人应当谨慎接受媒体采访，凡涉及公司的信息均以公司正式公告为准。

4. 案例启示

F公司案为所有新三板挂牌企业敲醒了警钟，务必加大对于临时公告披露的重视。新三板市场运行以来，挂牌企业对定期公告各项规则已相对熟悉，目前已很少出现未及时披露年度报告、半年度报告的情况。但对于临时公告来讲，很多挂牌企业未能把握好重要信息披露的时点，也不清楚哪些事项应当进行临时披露，这应当引起挂牌企业的重视。此外，中介机构在为挂牌企业提供服务时，应提示和指导那些符合临时信息披露条件的挂牌企业及时完成信息披露工作。

（九）相关法律法规梳理

1.《证券法》相关规定

第六十三条 发行人、上市公司依法披露的信息，必须真实、准确、完整，不得有虚假记载、误导性陈述或者重大遗漏。

第六十五条 上市公司和公司债券上市交易的公司,应当在每一会计年度的上半年结束之日起二个月内,向国务院证券监督管理机构和证券交易所报送记载以下内容的中期报告,并予公告:

(一)公司财务会计报告和经营情况;

(二)涉及公司的重大诉讼事项;

(三)已发行的股票、公司债券变动情况;

(四)提交股东大会审议的重要事项;

(五)国务院证券监督管理机构规定的其他事项。

第六十六条 上市公司和公司债券上市交易的公司,应当在每一会计年度结束之日起四个月内,向国务院证券监督管理机构和证券交易所报送记载以下内容的年度报告,并予公告:

(一)公司概况;

(二)公司财务会计报告和经营情况;

(三)董事、监事、高级管理人员简介及其持股情况;

(四)已发行的股票、公司债券情况,包括持有公司股份最多的前十名股东的名单和持股数额;

(五)公司的实际控制人;

(六)国务院证券监督管理机构规定的其他事项。

第六十七条 发生可能对上市公司股票交易价格产生较大影响的重大事件,投资者尚未得知时,上市公司应当立即将有关该重大事件的情况向国务院证券监督管理机构和证券交易所报送临时报告,并予公告,说明事件的起因、目前的状态和可能产生的法律后果。

下列情况为前款所称重大事件:

(一)公司的经营方针和经营范围的重大变化;

(二)公司的重大投资行为和重大的购置财产的决定;

(三)公司订立重要合同,可能对公司的资产、负债、权益和经营成果产生重要影响;

2. 非上市公众公司监督管理办法

第二十条 公司及其他信息披露义务人应当按照法律、行政法规和中国证监会的规定,真实、准确、完整、及时地披露信息,不得有虚假记载、误导性陈述或者重大遗漏。公司及其他信息披露义务人应当向所有投资者同时公开披露信息。

公司的董事、监事、高级管理人员应当忠实、勤勉地履行职责,保证公司披露信息的真实、准确、完整、及时。

第二十一条 信息披露文件主要包括公开转让说明书、定向转让说明书、定向发行说明书、发行情况报告书、定期报告和临时报告等。具体的内容与格式、编制规则及披露要求,由中国证监会另行制定。

第二十二条 股票公开转让与定向发行的公众公司应当披露半年度报告、年度报告。年度报告中的财务会计报告应当经具有证券期货相关业务资格的会计师事务所审计。股票向特定对象转让导致股东累计超过200人的公众公司,应当披露年度报告。年度报告中的财务会计报告应当经会计师事务所审计。

第二十三条 公众公司董事、高级管理人员应当对定期报告签署书面确认意见;对报告内容有异议的,应当单独陈述理由,并与定期报告同时披露。公众公司不得以董事、高级管理人员对定期报告内容有异议为由不按时披露定期报告。

公众公司监事会应当对董事会编制的定期报告进行审核并提出书面审核意见,说明董事会对定期报告的编制和审核程序是否符合法律、行政法规、中国证监会的规定和公司章程,报告的内容是否能够真实、准确、完整地反映公司实际情况。

第二十四条 证券公司、律师事务所、会计师事务所及其他证券服务机构出具的文件和其他有关的重要文件应当作为备查文件,予以披露。

第二十五条 发生可能对股票价格产生较大影响的重大事件,投资者尚未得知时,公众公司应当立即将有关该重大事件的情况报送临时报告,并予以公告,说明事件的起因、目前的状态和可能产生的后果。

第二十六条　公众公司实施并购重组的,相关信息披露义务人应当依法严格履行公告义务,并及时准确地向公众公司通报有关信息,配合公众公司及时、准确、完整地进行披露。参与并购重组的相关单位和人员,在并购重组的信息依法披露前负有保密义务,禁止利用该信息进行内幕交易。

第二十七条　公众公司应当制定信息披露事务管理制度并指定具有相关专业知识的人员负责信息披露事务。

第二十八条　除监事会公告外,公众公司披露的信息应当以董事会公告的形式发布。董事、监事、高级管理人员非经董事会书面授权,不得对外发布未披露的信息。

第二十九条　公司及其他信息披露义务人依法披露的信息,应当在中国证监会指定的信息披露平台公布。公司及其他信息披露义务人可在公司网站或者其他公众媒体上刊登依本办法必须披露的信息,但披露的内容应当完全一致,且不得早于在中国证监会指定的信息披露平台披露的时间。

股票向特定对象转让导致股东累计超过200人的公众公司可以在公司章程中约定其他信息披露方式;在中国证监会指定的信息披露平台披露相关信息的,应当符合本条第一款的要求。

第三十条　公司及其他信息披露义务人应当将信息披露公告文稿和相关备查文件置备于公司住所供社会公众查阅。

第三十一条　公司应当配合为其提供服务的证券公司及律师事务所、会计师事务所等证券服务机构的工作,按要求提供所需资料,不得要求证券公司、证券服务机构出具与客观事实不符的文件或者阻碍其工作。

3. 非上市公众公司监管指引第1号——信息披露

一、信息披露的内容。股票公开转让、股票向特定对象发行或者转

让导致股东累计超过200人的公司,应当在公开转让说明书、定向发行说明书或者定向转让说明书中披露以下内容:

(一)公司基本信息、股本和股东情况、公司治理情况;

(二)公司主要业务、产品或者服务及公司所属行业;

(三)报告期内的财务报表、审计报告。

定向发行说明书还应当披露发行对象或者范围、发行价格或者区间、发行数量。

非上市公众公司也可以根据自身实际情况以及投资者的需求,更加详细地披露公司的其他情况。

二、信息披露的基本要求。非上市公众公司及其董事、监事、高级管理人员应当保证披露的信息真实、准确、完整,不存在虚假记载、误导性陈述或者重大遗漏,并对其真实性、准确性、完整性承担相应的法律责任。

非上市公众公司应当建立与股东沟通的有效渠道,对股东或者市场质疑的事项应当及时、客观地进行澄清或者说明。

三、信息披露平台。非上市公众公司应当本着股东能及时、便捷获得公司信息的原则,并结合自身实际情况,自主选择一种或者多种信息披露平台,如非上市公众公司信息披露网站(nlpc.csrc.gov.cn)、公共媒体或者公司网站,也可以选择公司章程约定的方式或者股东认可的其他方式。无论采取何种信息披露方式,均应当经股东大会审议通过。

股票在依法设立的证券交易场所公开转让的非上市公众公司,应当通过证券交易场所要求的平台披露信息。

四、依法设立的证券交易场所可以在本指引的基础上,对股票公开转让的非上市公众公司制定更详尽、更严格的信息披露标准;公司应当按照从高从严的标准遵守证券交易场所的相关规定。

五、非上市公众公司年度报告、半年度报告按照本指引进行披露。

4.《全国中小企业股份转让系统有限责任公司管理暂行办法》

第二十二条 全国股份转让系统公司应当督促申请股票挂牌的股份公司、挂牌企业及其他信息披露义务人,依法履行信息披露义务,真实、准确、完整、及时地披露信息,不得有虚假记载、误导性陈述或者重大遗漏。

第三十条 全国股份转让系统公司应当向中国证监会报告股东会、董事会、监事会、总经理办公会议和其他重要会议的会议纪要,全国股份转让系统运行情况,全国股份转让系统公司自律监管职责履行情况、日常工作动态以及中国证监会要求报告的其他信息。

全国股份转让系统公司的其他报告义务,比照执行证券交易所管理有关规定。

5.《全国中小企业股份转让系统业务规则(试行)》相关规定

1.7条规定持续督导券商、会计师事务所、律师事务所、其他证券服务机构及其相关人员在全国股份转让系统从事相关业务,应严格履行法定职责,遵守行业规范,勤勉尽责,诚实守信,并对出具文件的真实性、准确性、完整性负责。

6.《全国中小企业股份转让系统挂牌企业信息披露细则(试行)》相关规定

第十条 持续督导券商应当指导和督促所推荐挂牌企业规范履行信息披露义务,对其信息披露文件进行事前审查。发现拟披露的信息或已披露信息存在任何错误、遗漏或者误导的,或者发现存在应当披露而未披露事项的,持续督导券商应当要求挂牌企业进行更正或补充。挂牌企业拒不更正或补充的,持续督导券商应当在两个转让日内发布风险揭示公告并向全国股份转让系统公司报告。

第二十一条 临时报告是指挂牌企业按照法律法规和全国股份转

让系统公司有关规定发布的除定期报告以外的公告。临时报告应当加盖董事会公章并由公司董事会发布。

第二十九条 挂牌企业召开股东大会,应当在会议结束后两个转让日内将相关决议公告披露。年度股东大会公告中应当包括律师见证意见。

7. 非上市公众公司信息披露内容与格式准则第1号——公开转让说明书

第二条 股东人数超过200人的股份有限公司(以下简称申请人)申请股票在全国中小企业股份转让系统(以下简称全国股份转让系统)公开转让,应按本准则编制公开转让说明书,作为向中国证券监督管理委员会(以下简称中国证监会)申请公开转让股票的必备法律文件,并按本准则的规定进行披露。

第三条 本准则的规定是对公开转让说明书信息披露的最低要求。不论本准则是否有明确规定,凡对投资者投资决策有重大影响的信息,均应披露。

申请人根据自身及所属行业或业态特征,可在本准则基础上增加有利于投资者判断和信息披露完整性的相关内容。本准则某些具体要求对申请人不适用的,申请人可根据实际情况,在不影响内容完整性的前提下作适当调整,但应在申报时作书面说明。

第四条 申请人在公开转让说明书中披露的所有信息应真实、准确、完整,不得有虚假记载、误导性陈述或重大遗漏。

第五条 申请人应在中国证监会指定网站披露公开转让说明书及其附件,并作公开转让股票提示性公告:"本公司公开转让股票申请已经中国证监会核准,本公司的股票将在全国中小企业股份转让系统公开转让,公开转让说明书及附件披露于中国证监会指定网站(nlpc.csrc.gov.cn)和全国股份转让系统公司指定信息披露平台(www.neeq.com.cn或www.neeq.cc),供投资者查阅"。

第六条 公开转让说明书扉页应载有如下声明：

"本公司及全体董事、监事、高级管理人员承诺公开转让说明书不存在虚假记载、误导性陈述或重大遗漏，并对其真实性、准确性、完整性承担个别和连带的法律责任。"

"本公司负责人和主管会计工作的负责人、会计机构负责人保证公开转让说明书中财务会计资料真实、完整。"

"中国证监会对本公司股票公开转让所作的任何决定或意见，均不表明其对本公司股票的价值或投资者的收益作出实质性判断或者保证。任何与之相反的声明均属虚假不实陈述。"

"根据《证券法》的规定，本公司经营与收益的变化，由本公司自行负责，由此变化引致的投资风险，由投资者自行承担。"

第七条 申请人应简要披露下列情况：公司名称、法定代表人、设立日期、注册资本、住所、邮编、信息披露事务负责人、所属行业、经营范围、组织机构代码等。

第八条 申请人应披露公司股票种类，股票总量，每股面值，股东所持股份的限售安排及股东对所持股份自愿锁定的承诺。

第九条 申请人应披露公司股权结构图，并详细披露控股股东、实际控制人、前十名股东及其他持有5%以上股份的股东的名称、持股数量及比例、股东性质、股东之间的关联关系。

控股股东和实际控制人直接或间接持股存在质押或其他争议的，应披露具体情况。

第十条 申请人应简述公司历史沿革，主要包括：设立方式、发起人及其关联关系、设立以来股本形成及其变化情况、设立以来重大资产重组情况以及最近2年内实际控制人变化情况。

第十一条 申请人应披露董事、监事、高级管理人员的简要情况，主要包括：姓名、国籍及境外居留权、性别、年龄、学历、职称、现任职务及任期、职业经历。

第十二条 申请人应简要披露其控股子公司的情况，主要包括注册资本、主营业务、股东构成及持股比例、最近1年及1期末的总资产、净资产、最近1年及1期的净利润,并标明有关财务数据是否经过审计及审计机构名称。

第十三条 申请人应披露下列机构的名称、法定代表人、住所、联系电话、传真,同时应披露有关经办人员的姓名:

(一)持续督导券商;

(二)律师事务所;

(三)会计师事务所;

(四)资产评估机构;

(五)股票登记机构;

(六)其他与公开转让有关的机构。

第十四条 申请人应披露主要业务、主要产品或服务及其用途。

第十五条 申请人应简要披露其业务模式,说明如何使用产品或服务及关键资源要素获取收入、利润及现金流。

第十六条 申请人应披露其所处行业。申请人能够获取所处行业相关信息的,可以结合自身实际介绍行业的基本情况。

第十七条 申请人应披露与主要业务相关的情况,主要包括:

(一)报告期内各期主要产品或服务的规模、销售收入,报告期内各期向前五名客户的销售额合计占当期销售总额的百分比;

(二)报告期内主要产品或服务的原材料、能源,报告期内各期向前五名供应商的采购额合计占当期采购总额的百分比;

(三)报告期内对持续经营有重大影响的业务合同及履行情况。

第十八条 申请人应遵循重要性原则披露与其业务相关的资源要素,主要包括:

(一)产品或服务所使用的主要技术;

(二)主要生产设备、房屋建筑物的取得和使用情况、成新率或尚可使用年限等;

(三)主要无形资产的取得方式和时间、使用情况、使用期限或保护期、最近1期期末账面价值；

（四）申请人所从事的业务需要取得许可资格或资质的，应当披露当前许可资格或资质的情况；

（五）特许经营权的取得、期限、费用标准；

（六）申请人员工的简要情况，其中核心业务和技术人员应披露姓名、年龄、主要业务经历及职务、现任职务及任期以及持有申请人股份情况；

（七）其他体现所属行业或业态特征的资源要素。

第十九条　申请人可以遵循重要性原则，有针对性和差异化、个性化地披露特殊风险以及生产经营中的不确定因素。

第二十条　申请人应披露最近2年内股东大会、董事会、监事会的建立健全及运行情况，说明上述机构和人员履行职责的情况。

第二十一条　申请人应披露最近2年内是否存在违法违规及受处罚的情况。

第二十二条　申请人应披露是否存在与控股股东、实际控制人及其控制的其他企业从事相同、相似业务的情况。对存在相同、相似业务的，申请人应对是否存在同业竞争作出合理解释。

申请人应披露控股股东、实际控制人为避免同业竞争采取的措施及作出的承诺。

第二十三条　申请人应披露最近2年内是否存在资金被控股股东、实际控制人及其控制的其他企业占用，或者为控股股东、实际控制人及其控制的其他企业提供担保。申请人应说明为防止发生资金占用行为所采取的措施和相应的制度安排。

第二十四条　申请人应披露会计核算、财务管理、风险控制、重大事项决策等内部管理制度的建立健全情况。

第二十五条　申请人应披露公司董事、监事及高级管理人员的薪酬和激励政策，包括但不限于基本年薪、绩效奖金、福利待遇、长期激励（包括股权激励）、是否从申请人关联企业领取报酬及其他情况。

申请人董事、监事、高级管理人员存在下列情形的，应披露具体情况：

（一）本人及其近亲属以任何方式直接或间接持有申请人股份的；

（二）相互之间存在亲属关系的；

（三）与申请人签订重要协议或作出重要承诺的；

（四）在其他单位兼职的；

（五）对外投资与申请人存在利益冲突的；

（六）在最近2年内发生变动的。

第二十六条 申请人应披露投资者关系管理的相关制度安排，说明公司是否具有完善的投资者信息沟通渠道，及时解决投资者投诉问题，以及为保证公司及其股东、董事、监事、高级管理人员通过仲裁、诉讼等方式解决相互之间的矛盾纠纷所采取的措施。

第二十七条 除上述事项外，申请人可以披露便利股东尤其是中小股东参与公司治理的其他内部制度。

第二十八条 申请人应按照《企业会计准则》的规定编制并披露最近2年及1期的财务报表。申请人编制合并财务报表的，应同时披露合并财务报表和母公司财务报表。

申请人应披露财务报表的编制基础、合并财务报表范围及变化情况。

财务报表在其最近1期截止日后6个月内有效。

第二十九条 申请人应披露会计师事务所的审计意见类型。财务报表被出具非标准无保留审计意见的，应全文披露审计报告正文以及董事会、监事会和注册会计师对相关事项的详细说明。

第三十条 申请人应列表披露最近2年及1期的主要财务数据指标，并对其进行逐年比较。主要包括毛利率、净资产收益率、基本每股收益、稀释每股收益、归属于申请人股东的每股净资产、每股经营活动产生的现金流量净额、资产负债率、应收账款周转率和存货周转率。除特别指出外，上述财务指标应以合并财务报表的数据为基础进行计算。相关指标的计算应执行中国证监会的有关规定。

第三十一条　申请人应根据《公司法》和《企业会计准则》的相关规定披露关联方、关联关系、关联交易，并说明相应的决策权限、决策程序、定价机制等。

申请人应根据交易的性质和频率，按照经常性和偶发性分类披露关联交易及关联交易对其财务状况和经营成果的影响。

第三十二条　申请人应简要披露财务报表附注中的资产负债表日后事项、或有事项及其他重要事项。申请人应简要披露对财务状况、经营成果、声誉、业务活动、未来前景等可能产生较大影响的诉讼或仲裁事项。申请人存在对外担保的，应披露对外担保的情况；不存在对外担保的，应予说明。

第三十三条　申请人在报告期内进行对财务报表有影响的资产评估的，应扼要披露资产评估的主要情况。

第三十四条　申请人应披露最近2年股利分配政策、实际股利分配情况以及公开转让后的股利分配政策。

第三十五条　申请人全体董事、监事、高级管理人员应在公开转让说明书正文的尾页声明："本公司全体董事、监事、高级管理人员承诺本公开转让说明书不存在虚假记载、误导性陈述或重大遗漏，并对其真实性、准确性、完整性承担个别和连带的法律责任。"声明应由全体董事、监事、高级管理人员签名，并由申请人加盖公章。

第三十六条　持续督导券商应对公开转让说明书的真实性、准确性、完整性进行核查，并在公开转让说明书正文后声明："本公司已对公开转让说明书进行了核查，确认不存在虚假记载、误导性陈述或重大遗漏，并对其真实性、准确性和完整性承担相应的法律责任。"声明应由持续督导券商法定代表人、项目负责人签名，并加盖持续督导券商公章。

第三十七条　为申请人股票公开转让提供服务的证券服务机构应在公开转让说明书正文后声明："本机构及经办人员（经办律师、签字注册会计师、签字注册资产评估师）已阅读公开转让说明书，确认公开转让说明书与本机构出具的专业报告(法律意见书、审计报告、资产评估报告)无矛盾之处。本机构及经办人员对申请人在公开转让说明书中引用的专业报告的内容无异议,确认公开转让说明书不致因上述内容而出现虚假记载、误导性陈述或重大遗漏,并对其真实性、准确性和完整性承担相应的法律责任。"声明应由经办人员及所在机构负责人签名,并加盖机构公章。

第三十八条 公开转让说明书结尾应列明附件,并在中国证监会指定网站披露。附件应包括下列文件:

(一)持续督导券商推荐报告;

(二)财务报表及审计报告;

(三)法律意见书;

(四)评估报告;

(五)公司章程;

(六)中国证监会核准公开转让的文件;

(七)其他与公开转让有关的重要文件。

(十)部分挂牌企业信息披露违规案例统计

表1 部分挂牌企业信息披露违规案例统计

处罚或监管措施时间	公司名称	监管对象名称	监管对象类别	监管措施	违规行为类别	出具处罚或监管措施的机构
2014/3/14	凯英信业	凯英信业	挂牌企业	出具警示函,提交书面承诺	未按规定披露信息	股转公司
2014/3/14	凯英信业	中审国际	中介机构	约谈	未尽审计职责	股转公司
2014/3/14	斯福泰克	斯福泰克	挂牌企业	出具警示函,提交书面承诺	未按规定披露信息	股转公司

续表

处罚或监管措施时间	公司名称	监管对象名称	监管对象类别	监管措施	违规行为类别	出具处罚或监管措施的机构
2014/5/7	蓝天环保	蓝天环保	挂牌企业	提交书面承诺	未按规定披露信息	股转公司
2014/5/7	蓝天环保	潘忠	高管	约谈,提交书面承诺	未按规定披露信息	股转公司
2014/7/7	中控智联	中控智联	挂牌企业	约谈,提交书面承诺	未按规定披露信息	股转公司
2014/7/7	中控智联	闫晓华	高管	约谈	未尽勤勉义务	股转公司
2014/7/7	中航新材	中航新材	挂牌企业	约谈,出具警示函	未按规定披露信息	股转公司
2014/7/7	中航新材	余罗	高管	约谈	未尽勤勉义务	股转公司
2014/8/6	泰谷生物	泰谷生物	挂牌企业	出具警示函	未按规定披露信息	股转公司
2014/8/6	泰谷生物	段传武	高管	出具警示函	未尽勤勉义务	股转公司
2014/10/20	中试电力	刘敏	高管	约谈	未尽勤勉义务	股转公司
2015/2/11	可来博	王润等	高管	出具警示函	未尽勤勉义务	股转公司
2015/2/11	可来博	中审亚太	中介机构	约谈	未尽审计职责	股转公司
2015/3/20	安普能	安普能	挂牌企业	出具警示函,提交书面承诺	未按规定披露信息	股转公司
2015/3/20	安普能	樊东华	高管	约谈,出具警示函	未尽勤勉义务	股转公司

续表

处罚或监管措施时间	公司名称	监管对象名称	监管对象类别	监管措施	违规行为类别	出具处罚或监管措施的机构
2015/3/20	安普能	钮祝红	高管	约谈	未尽勤勉义务	股转公司
2015/7/24	三信股份	三信股份	挂牌企业	提交书面承诺	未按规定披露信息	股转公司
2015/7/24	三信股份	邓小华,石春玉	高管	约谈	未尽勤勉义务	股转公司
2015/7/24	三信股份	李兴建	高管	约谈	未尽勤勉义务	股转公司
2015/8/7	大树智能	大树智能	挂牌企业	约谈	未按规定披露信息	股转公司
2015/8/11	巨灵信息	巨灵信息	挂牌企业	出具警示函	未按规定披露信息	股转公司
2015/8/11	巨灵信息	张莉	高管	出具警示函	未尽勤勉义务	股转公司
2015/8/11	河源富马	河源富马	挂牌企业	出具警示函	未按规定披露信息	股转公司
2015/8/11	河源富马	黄伟	高管	出具警示函	未尽勤勉义务	股转公司
2015/8/11	中科股份	中科股份	挂牌企业	出具警示函	未按规定披露信息	股转公司
2015/8/11	中科股份	程明	高管	出具警示函	未尽勤勉义务	股转公司
2015/8/11	青鹰股份	青鹰股份	挂牌企业	出具警示函	未按规定披露信息	股转公司
2015/8/11	青鹰股份	顾瑞青	高管	出具警示函	未尽勤勉义务	股转公司

续表

处罚或监管措施时间	公司名称	监管对象名称	监管对象类别	监管措施	违规行为类别	出具处罚或监管措施的机构
2015/8/11	德邦工程	德邦工程	挂牌企业	出具警示函	未按规定披露信息	股转公司
2015/8/11	德邦工程	汪和顺	高管	出具警示函	未尽勤勉义务	股转公司
2015/8/11	扬开电力	扬开电力	挂牌企业	出具警示函	未按规定披露信息	股转公司
2015/8/11	扬开电力	姚越	高管	出具警示函	未尽勤勉义务	股转公司
2015/8/11	龙蛙农业	龙蛙农业	挂牌企业	出具警示函	未按规定披露信息	股转公司
2015/8/11	龙蛙农业	韩秋月	高管	出具警示函	未尽勤勉义务	股转公司
2015/8/11	三合盛	三和盛	挂牌企业	出具警示函	未按规定披露信息	股转公司
2015/8/11	三合盛	韩晓云	高管	出具警示函	未尽勤勉义务	股转公司
2015/8/11	巨创计量	巨创计量	挂牌企业	出具警示函	未按规定披露信息	股转公司
2015/8/11	巨创计量	余翔	高管	出具警示函	未尽勤勉义务	股转公司
2015/8/11	祥龙钻探	祥龙钻探	挂牌企业	出具警示函	未按规定披露信息	股转公司
2015/8/11	祥龙钻探	魏宝云	高管	出具警示函	未尽勤勉义务	股转公司
2015/8/11	金科环保	金科环保	挂牌企业	出具警示函	未按规定披露信息	股转公司

续表

处罚或监管措施时间	公司名称	监管对象名称	监管对象类别	监管措施	违规行为类别	出具处罚或监管措施的机构
2015/8/11	金科环保	孙红	高管	出具警示函	未尽勤勉义务	股转公司
2015/8/11	中兵环保	中兵环保	挂牌企业	出具警示函	未按规定披露信息	股转公司
2015/8/11	中兵环保	姚梗钰	高管	出具警示函	未尽勤勉义务	股转公司
2015/8/11	垦丰种业	垦丰种业	挂牌企业	出具警示函	未按规定披露信息	股转公司
2015/8/11	垦丰种业	梁岐	高管	出具警示函	未尽勤勉义务	股转公司
2015/8/11	紫罗兰	紫罗兰	挂牌企业	出具警示函	未按规定披露信息	股转公司
2015/8/11	紫罗兰	严玲	高管	出具警示函	未尽勤勉义务	股转公司
2015/8/11	浩辰软件	浩辰软件	挂牌企业	出具警示函	未按规定披露信息	股转公司
2015/8/11	浩辰软件	俞怀古	高管	出具警示函	未尽勤勉义务	股转公司
2015/8/11	中天管桩	中天管桩	挂牌企业	出具警示函	未按规定披露信息	股转公司
2015/8/11	中天管桩	程文琴	高管	出具警示函	未尽勤勉义务	股转公司
2015/8/11	海特股份	海特股份	挂牌企业	出具警示函	未按规定披露信息	股转公司
2015/8/11	海特股份	朱海燕	高管	出具警示函	未尽勤勉义务	股转公司

续表

处罚或监管措施时间	公司名称	监管对象名称	监管对象类别	监管措施	违规行为类别	出具处罚或监管措施的机构
2015/8/11	创元期货	创元期货	挂牌企业	出具警示函	未按规定披露信息	股转公司
2015/8/11	创元期货	杨世壁	高管	出具警示函	未尽勤勉义务	股转公司
2015/8/11	中科国信	中科国信	挂牌企业	出具警示函	未按规定披露信息	股转公司
2015/8/11	中科国信	刘革	高管	出具警示函	未尽勤勉义务	股转公司
2015/8/18	ST中试	ST中试	挂牌企业	出具警示函，提交书面承诺	未按规定披露信息	股转公司
2015/8/18	ST中试	操立军	高管	出具警示函，提交书面承诺	未尽勤勉义务	股转公司
2015/8/18	中润油	中润油	挂牌企业	约谈	未按规定披露信息	股转公司
2015/8/18	盖特佳	盖特佳	挂牌企业	约谈	未按规定披露信息	股转公司
2015/9/25	七维航测	七维航测	挂牌企业	约谈	未按规定披露信息	股转公司
2015/12/14	翱翔科技	翱翔科技	挂牌企业	约谈	未按规定披露信息	股转公司
2015/12/14	翱翔科技	李向阳	高管	约谈	未尽勤勉义务	股转公司
2015/12/30	柏星龙	赵国义	高管	约谈	未按规定披露信息	股转公司
2016/1/18	仁新科技	仁新科技	挂牌企业	约谈	未按规定披露信息	股转公司

续表

处罚或监管措施时间	公司名称	监管对象名称	监管对象类别	监管措施	违规行为类别	出具处罚或监管措施的机构
2016/1/18	仁新科技	大信会计师事务所	中介机构	约谈	未按规定披露信息	股转公司
2016/2/26	瑞兆源	新疆瑞兆源	挂牌企业	出具警示函	未按规定披露信息	股转公司
2016/2/26	瑞兆源	国泰君安	中介机构	出具警示函	未按规定披露信息	股转公司
2016/2/26	瑞兆源	新疆话洪律师事务所	中介机构	出具警示函	未按规定披露信息	股转公司
2016/2/26	瑞兆源	候方平、郭静茹	高管	约谈、提交书面承诺	未按规定披露信息	股转公司
2016/3/1	透平高科	透平高科	挂牌企业	约谈、提交书面承诺	未按规定披露信息	股转公司
2016/3/1	透平高科	李国民	高管	约谈、提交书面承诺	未尽勤勉义务	股转公司
2016/3/2	聚融集团	聚融集团	挂牌企业	约谈,出具警示函,责令改正	未按规定披露信息	股转公司
2016/3/2	聚融集团	梁华国	高管	约谈,出具警示函,提交书面承诺,暂停解除股票限售12个月	未尽勤勉义务	股转公司
2016/3/2	聚融集团	岳良红	高管	约谈,出具警示函,提交书面承诺	未尽勤勉义务	股转公司

续表

处罚或监管措施时间	公司名称	监管对象名称	监管对象类别	监管措施	违规行为类别	出具处罚或监管措施的机构
2016/3/7	汇鑫嘉德	唐山汇鑫嘉德节能减排科技股份有限公司	挂牌企业	约谈	未按规定披露信息	股转公司
2016/3/15	爱特科技	爱特科技	挂牌企业	约谈	未按规定披露信息、重大资产重组存在的暂停转让申请违规、重组报告书制作质量差	股转公司
2016/3/15	爱特科技	臧小兰	高管	约谈	未尽勤勉义务	股转公司
2016/3/15	爱特科技	东吴证券	独立财务顾问	约谈	未尽督导职责	股转公司
2016/3/22	天运股份	天运股份	挂牌企业	约谈、提交书面承诺	未按规定披露信息	股转公司
2016/3/22	天运股份	潘建新	高管	约谈、提交书面承诺	未尽勤勉义务	股转公司
2016/3/22	天运股份	张陆贤	高管	约谈、提交书面承诺	未尽勤勉义务	股转公司
2016/4/6	国铁科林	国铁科林	挂牌企业	责令改正、提交书面承诺	未按规定披露信息	股转公司
2016/4/21	参仙源	参仙源	挂牌企业	出具警示函	未按规定披露信息	股转公司

续表

处罚或监管措施时间	公司名称	监管对象名称	监管对象类别	监管措施	违规行为类别	出具处罚或监管措施的机构
2016/4/26	一鸣生物	一鸣生物	挂牌企业	出具警示函	未按规定披露信息	股转公司
2016/4/26	一鸣生物	史百鸣	高管	出具警示函	未尽勤勉义务	股转公司
2016/4/26	一鸣生物	叶建胜	高管	出具警示函	未尽勤勉义务	股转公司
2016/4/29	伯朗特	伯朗特	挂牌企业	约谈	未按规定披露信息	股转公司
2016/4/29	伯朗特	尹荣造	高管	约谈	未尽勤勉义务	股转公司
2016/4/29	伯朗特	刘淑燕	高管	约谈	未尽勤勉义务	股转公司
2016/6/30	参仙源	参仙源	挂牌企业	警告、罚款等行政处罚	未按规定披露信息	证监会
2016/6/30	参仙源	于成波	高管	警告、罚款等行政处罚	未尽勤勉义务	证监会
2016/6/30	参仙源	李殿文	高管	警告、罚款等行政处罚	未尽勤勉义务	证监会
2016/6/30	参仙源	赵冬颖	高管	警告、罚款等行政处罚	未尽勤勉义务	证监会
2016/6/30	参仙源	肖林	高管	警告、罚款等行政处罚	未尽勤勉义务	证监会
2016/6/30	参仙源	吴文莉	高管	警告、罚款等行政处罚	未尽勤勉义务	证监会
2016/6/30	参仙源	蒋群	高管	警告、罚款等行政处罚	未尽勤勉义务	证监会

续表

处罚或监管措施时间	公司名称	监管对象名称	监管对象类别	监管措施	违规行为类别	出具处罚或监管措施的机构
2016/6/27	无线天利	无线天利	挂牌企业	警告、罚款等行政处罚	未按规定披露信息	证监会
2016/6/27	无线天利	京天利	高管	警告、罚款等行政处罚	未尽勤勉义务	证监会
2016/6/27	无线天利	钱永耀	高管	警告、罚款等行政处罚	未尽勤勉义务	证监会
2016/4/5	渤海金岸	渤海金岸	挂牌企业	出具警示函	未按规定披露信息	江西证监局
2016/5/17	枫盛阳	枫盛阳	挂牌企业	出具警示函	未按规定披露信息	天津证监局
2016/4/28	明利创新	明利创新	挂牌企业	出具警示函	未按规定披露信息	广西证监局
2015/11/5	中科招商	中科招商	挂牌企业	约谈	未按规定披露信息	股转公司
2015/12/2	中科招商	中科招商	挂牌企业	责令改正	未按规定披露信息	深圳证监局
2015/12/2	中科招商	单祥双	高管	出具警示函	未按规定披露信息	深圳证监局

资料来源：证监会，股转公司

第三章

操 纵 市 场

（一）操纵市场的释义

在证券市场中，关于操纵市场的定义，学界和实务界存在各种说法，例如，有将其定义为"组织或个人背离证券市场竞争自由和供求关系原则，故意影响证券市场价格，诱导或致使投资者买卖证券，扰乱市场秩序的行为"；也有将其定义为"任何单位或个人以获取利益、减少损失为目的，利用其资金、信息等优势或者滥用职权操纵证券市场中相关标的价格，以获取相关利益的行为"；还有的认为，操纵市场是指"参与市场交易的机构、大户为了牟取利益，故意违反国家有关证券交易规定和交易所的交易规则，违背市场公开、公平、公正的原则，单独或合谋使用不正当手段，利用信息、资金等优势，扭曲市场价格，扰乱市场秩序的行为"。

根据证监会颁布的《证券市场操纵行为认定办法（试行）》（以下简称《操纵认定办法》），当证券交易价格或者交易量偏离真实供求条件下投资人自主买卖所应形成的正常水平时，可以认定交易价或交易量受到了影响，当这种影响程度严重时，可认定形成对交易价和交易量的操纵。

《操纵认定办法》中列明了7类市场操纵情形：

1) 相关证券交易达到法律、法规、规章、规则所规定的异常水平；

2) 相关证券交易异常受到监管机构及交易所质询、核查、调查或采取监管措施；

3) 相关证券达到涨跌幅限制价位，或者形成虚拟价格水平，或者交易量异常放大、萎缩或形成虚拟交易量水平；

4) 相关证券的价格走势明显偏离可比指数；

5) 相关证券的价格走势明显偏离发行人基本面；

6) 相关证券价格或者交易量在某一特定时段严重异常；

7) 证监会认定的其他情形。

关于市场操纵的认定标准，不仅适用于Ａ股市场等证券市场，在一定条件下也同样适用于新三板市场。

本书将新三板市场中的操纵市场行为定义如下：在新三板市场中，机构或个人为获取不正当利益或其他目的，通过自身或职权所支配的信息、资金等优势，操纵新三板挂牌企业的股价偏离正常交易秩序、扰乱市场的违法违规行为。

操纵市场行为演变至今，手法越来越隐蔽化、多样化，不仅严重影响了证券市场的正常融资秩序、企业估值和社会资源合理配置，还损害了市场投资者的利益，对投资者的判断形成干扰，不利于证券市场的健康稳定发展。

新三板市场和Ａ股市场不同的是，在新三板市场目前做市转让和协议转让是最主要的两种转让方式，虽然Ａ股以竞价交易为主的市场更容易产生操纵市场行为，但通过协议转让和做市交易中某些手段同样也能达成目的，并且有的行为更为隐蔽。交易方式的不同也导致了新三板市场的操纵行为与Ａ股市场操纵行为相比存在一定的差异性，但内在核心是不变的，无论是Ａ股市场还是新三板市场，通过一些不正当手段，使挂牌企业股价偏离，从而扰乱市场的行为就是操纵市场。在加强新三板市场规范运作的同时，有必要在制度层面上对操纵市场行为的规制和处罚予以明确，防止操纵市场行为的出现。

（二）操纵市场行为的惯用手法

操纵市场的手法多种多样，根据《操纵认定办法》，并结合新三板市场的现状,可以将目前新三板市场中的主要操纵市场手法分为以下 8 类:连续交易、约定交易、自买自卖、蛊惑交易、抢先交易、虚假申报、特定价格、特定时段交易等。

这 8 类市场操纵行为中,连续交易、约定交易和自买自卖系《证券法》第 77 条中明确规定的,《操纵认定办法》对《证券法》中规定的市场操纵行为进一步细化了相关认定标准。而蛊惑交易、抢先交易、虚假申报、特定价格、特定时段交易等后面 5 类行为,则属于监管机构根据《证券法》第 77 条第四款"以其他手段操纵证券市场"的规定,结合我国市场运行中发现的问题,予以扩展规定的内容。目前,在新三板市场,《证券法》明文规定的 3 种操纵市场手法出现的频率已越来越少,而以另外 5 类为代表的"其他操纵手法"则逐渐增多。

1. 连续交易

连续交易操纵,在《证券法》第 77 条第一款有明文规定,"单独或者通过合谋,集中资金优势、持股优势或者利用信息优势联合或者连续买卖,操纵证券交易价格或者证券交易量",构成连续交易操纵。虽然定义很明确,但是《证券法》没有就其中"资金优势""持股优势""信息优势"的认定给出明确标准,在《操纵认定办法》出台前,也就存在一定的可操作空间。

《操纵认定办法》明确了"资金优势""持股优势""信息优势"的具体认定标准。关于"资金优势",《操纵认定办法》规定的标准是动用的资金量能够满足下列标准之一:在当期价格水平上,可以买入相关证券的数量,达到该证券总量的 5%;在当期价格水平上,可以买入相关证券的数量,达到该证券实际流通总量的 10%;买卖相关证券的数量,达到该证券当期交易量的 20%;显著大于当期交易相关证券一般投资者的买卖金额。认定"持股优势"的标准是直接、间接、联合持有的股份数量符合下列标准之一:持有相关证券总量的 5%;持有相关证券实际流通总量的 10%;持有相关证券的数量,大于当期该证券交易量的 20%;显著大于相关证券一般投资者的持有水平。认定"信息优势"的标准包括,当事人能够比市场上的一般投资者更方便、更及时、更准确、更完整、更充分地了解相关证券的重要信息。一直以来,连续交易都是使用较多的操纵手法,但由于该手法隐蔽性较低,较易留下证据,随着新型操纵市场的手法越来越多,连续交易这类较为明显的操纵手法的出现频率开始逐渐减少。

在新三板市场中,只有做市商交易而没有竞价交易,做市商报价会根据股票的波动而浮动。在缺乏竞价交易的前提下,做市商是最重要的买卖对手方,具有一定的资金优势、持股优势,并且做市商往往具有比普通投资者更为丰富和熟练的操盘经验,因此,做市交易中的做市商具有连续交易的基本条件,是市场操纵监管应关注的对象。此外,挂牌企业大股东也具备连续交易的资金和持股优势,甚至还掌握了信息优势,也是市场操纵监管应当重点关注的对象。

要保障新三板市场的稳定运行,对于做市商和挂牌企业股东的交易行为监管是较为重要的,应当从制度约束和道德监督角度推动做市商的公平、公正、公开交易,防止出现连续交易操纵市场行为的发生。

2. 约定交易

《证券法》第77条第一款规定,"与他人串通,以事先约定的时间、价格和方式相互进行证券交易,影响证券交易价格或者证券交易量",构成约定交易操纵。

在此基础上,《操纵认定办法》进一步细化了上述规定,将"约定的时间"定义为包括某一时点附近、某一时期之内或某一特殊时段;"约定的价格"定义为包括某一价格附近、某种价格水平或某一价格区间;"约定的方式"定义为包括买卖申报、买卖数量、买卖节奏、买卖账户等各种与交易相关的安排。

在新三板市场中,由于协议转让的方式较为方便,可以通过约定的价格直接进行协议转让交易,所以约定交易的操纵手法较少见。

3. 自买自卖

《证券法》第77条第一款规定,"在自己实际控制的账户之间进行证券交易,影响证券交易价格或者证券交易量",构成自买自卖操纵。

对此,《操纵认定办法》细化"自己实际控制的账户",将其定义为包括当事人拥有、管理、使用的账户。由于自买自卖方式较为简易,同样也是操纵市场初期阶段发生频率较高的操纵手法。

在新三板市场,由于主要以做市交易和协议交易为主。协议交易的自由度较高,价格由协议双方协商而定,协议成交价与实际挂牌价格也没有直接的关联关系,但畸形的高价或低价会扰乱市场的稳定秩序,对善意投资者造成影响。另外,做市交易中,自买自卖会间接影响到做市商做市价格波动,从而形成操纵市场的后果。

4. 蛊惑交易

"蛊惑交易"可以理解为,操纵市场的行为人故意编造、传播、散布虚假重大信息,误导投资者的投资决策,使市场出现预期中的变动而自己获利。因此有很多投资者在听信了"内幕消息"买入股票后,中了这类"诱多"谎言,成为蛊惑交易的受害者。根据《操纵认定办法》,同时满足以下四个条件的可以归为蛊惑交易:①编造、传播、散布虚假信息;②在虚假重大信息发布前后买卖或者建议他人买卖相关证券;③相关证券的价格或成交量受到影响;④虚假重大信息是有关股票价格或成交量变动的重要原因。

在互联网时代,蛊惑交易的危害性和严重性更应该引起高度关注。通过论坛、QQ、微信等网络传播手段,一个虚假消息可以在短短时间内迅速传播,网状扩散,贻害无穷。

5. 抢先交易

"抢先交易"是指,行为人对相关证券或其发行人、上市公司公开作出评价、预测或者投资建议,自己或建议他人抢先买卖相关证券,以便从预期的市场变动中直接或者间接获取利益的行为。

除证券公司、证券咨询机构、专业中介机构及其工作人员以外的其他机构和人员,在同时符合下列情形时,可以构成抢先交易操纵:①行为人对相关证券或者其发行人、上市公司公开作出评价预测或者投资建议;②行为人在公开作出评价、预测或者投资建议前后买卖或建议他人买卖相关证券;③相关证券的交易价格或者交易量受到了影响;④行为人的行为是相关证券交易价格或者交易量变动的重要原因。

6. 虚假申报

"虚假申报"在 A 股市场是指,行为人持有或者买卖证券时,进行不以成交为目的的频繁申报和撤销申报,制造虚假买卖信息,误导其他投资者,以便从期待的交易中直接或间接获取利益的行为。根据《操纵认定办法》,只有同时符合以下情形的才可以认定为虚假申报操纵:①行为人频繁申报和撤销申报;②申报笔数或申报量占统计时段内总申报笔数或申报量的 20%;③行为人能够从中直接或间接获取利益。

对于新三板市场而言,由于没有集合竞价的交易方式,所以虚假申报的操纵手法常通过做市交易进行。一旦做市商参与到操纵市场中来,那么虚假申报是很容易做到的。

7. 特定价格

"特定价格"是指,行为人通过拉抬、打压或者锁定手段,致使相关证券的价格达到一定水平的行为。具体操作中,可依据法律、行政法规、规章、业务规则的规定或者依据发行人、上市公司、相关当事人的协议内容进行认定。根据《操纵认定办法》,认定特定价格操纵应同时满足三个条件:①相关证券某一时点或时期的价格为参考价格、结算价格或者资产价值的计算价格;②行为人具有拉抬、打压或锁定证券交易价格的行为;③使相关证券的股价达到一定水平。

新三板市场由于成交活跃度不高,锁定证券交易价格也不困难,因此,如果手法较为隐蔽的话,对挂牌企业进行特定价格的操纵还是能够实现的。

8. 特定时段交易

特定时段交易,是指在特定的时段中进行价格操纵的行为,主要包括开盘价格操纵和尾市交易操纵两种。广为人知的是,二级市场上股票每天的价格走势中,开盘价和收盘价最为关键,然而在以往市场上,经常存在操纵开盘价和收盘价的现象,从而制造假象,干扰投资者的正常决策。

新三板挂牌企业也存在交易时间,具有开市、收市的时间效应,也应当防止此类时间点出现市场操纵情形。由于新三板交易准入门槛较高,普通投资者很难进入,这导致了新三板市场交易活跃度有限,很多在A股市场巧妙运用、能够发挥较大功效的操纵市场手法在新三板市场中会受到阻碍。例如,蛊惑交易、虚假申报等操纵市场手法交易需要较强的市场活跃度和一定规模的投资者才会起到效果,目前在新三板市场此类操纵手法很难起到作用。

总的来说,证券市场是高级的市场组织形态,相比其他市场而言,证券市场对价格信号及供求关系的反应更加敏感,因此,以不当手段影响证券交易价格和交易量,扭曲价格信号和供求关系,会对证券市场的秩序产生严重干扰,动摇市场运行的最基础制度。《操纵认定办法》的运行,对监管机构的调查、认定工作会起到积极推动作用,同时,也对操纵市场的违规人员起到极大的警示作用,特别是对一些惯于依据非正常渠道消息进行炒作的投资者。

(三) 案例7:G公司股东操纵挂牌企业股价

1. 案情介绍

G公司成立于2005年7月,主营业务为光伏电站项目及设备的建设。2010年3月,G公司正式在新三板市场挂牌,注册资本为20,700万元。

本案违规主体是G公司原董事长、总经理薛某，违规情形系挂牌企业实际控制人自己操纵股价，通过大量的申报买盘，影响做市商对挂牌企业的报价，从而导致了股价的波动。

2015年3月12日至3月23日共计8个交易日期间，G公司第一大股东、公司董事长、法定代表人薛某控制使用"薛某""孙某桂""薛某杰""王某文""薛某霞""李某叶""雍某雷""G2公司"等8个账户，通过连续申报、以高于做市商报价的价格大笔申报的方式，将"G公司"每个交易日的收盘价均维持在8元以上，进行非法获利。

本案中，薛某的账户组累计申买笔数为495笔，累计申买量为3,443,000股，累计申买金额为29,755,840元，其中申买量占市场所有投资者申买量比例超过20%的有4个交易日，最高为3月12日的46.74%。账户组累计买入成交笔数为941笔，累计买入成交量为3,437,000股，累计买入成交金额为29,615,480元，其中买入量占市场所有投资者买入量比例超过20%的有5个交易日，最高为3月12日的53.43%。

在上述累计941笔买入成交中，主动买入成交笔数为851笔，占账户组累计买入成交笔数的比例为94.44%；主动买入成交量为3,151,000股，占账户组累计买入成交量的91.68%；主动买入成交金额为27,153,140元，占账户组累计买入成交金额的91.69%。

根据证监会处罚书认定：薛某账户组累计卖出3,633,000股，卖出收入共计31,740,500元，净卖出196,000股，获利545,800元。

证监会表示，以上事实，有账户组交易资料、委托交易记录、交易数据、资金流水、薛某提供的情况说明、相关人员询问笔录、相关人员关于本人账户的相关情况说明、薛某与相关人员的短信通信记录等证据予以证明，足以认定市场操纵违规行为成立。

2. 违规处罚或监管措施

2015年12月30日，根据当事人违法行为的事实、性质、情节与社会危害程度，证监会对薛某操纵G公司股价一案做出处罚，依据《证券法》

第二百零三条的规定,决定没收当事人薛某违法所得545,800元,并处以545,800元罚款。

需要注意的是,一是本案的处罚机关是证监会,而不是股转公司,从监管位阶来看证监会的监管位阶明显高于股转公司,证监会是国家证券行业的监管机构,而股转公司系公司法人,兼具自律管理和服务机构的双重身份;二是本案的处罚内容,和股转公司通常所作出的警告、公开谴责等处罚不同的是,本案的处罚结果较为严厉,不仅没收当事人违法所得545,800元,并对其处以545,800元的罚款,与一般的挂牌企业违规案件相比,罚款显然要严厉得多。

本案处罚机构位阶高,处罚结果严厉,侧面反映了监管机构对个人操纵市场行为的监管趋于严格。

附:对市场操纵当事人的监管处罚文件

《行政处罚决定书》

当事人:薛某。

依据《中华人民共和国证券法》(以下简称《证券法》)的有关规定,我会对薛某操纵G公司股价一案进行了立案调查、审理,并依法向薛某告知了作出行政处罚的事实、理由、依据及当事人依法享有的权利。当事人提出了陈述、申辩意见,未要求听证。本案现已调查、审理终结。

经查明,薛某存在以下违法事实:

2015年3月12日至23日期间共计8个交易日,薛某控制使用"薛某""孙某桂""薛某杰""王某文""薛某霞""李某叶""雍某雷""G2公司"等8个账户(以下统称账户组),通过连续申报、以高于做市商报价的价格大笔申报的方式,将"G公司"每个交易日的收盘价均维持在8元以上。账户组累计申买笔数为495笔,累计申买量为3,443,000股,累计申买金额为29,755,840元,其中申买量占市场所有投资者申买量比例超过20%的有4个交易日,最高为3月12日的46.74%;账户组累计买入成交笔数为941笔,累计买入成交量为3,437,000股,累计买入成交金额为

29,615,480元，其中买入量占市场所有投资者买入量比例超过20%的有5个交易日，最高为3月12日的53.43%。在上述累计941笔买入成交中，主动买入成交笔数为851笔，占账户组累计买入成交笔数的比例为94.44%；主动买入成交量为3,151,000股，占账户组累计买入成交量的91.68%；主动买入成交金额为27,153,140元，占账户组累计买入成交金额的91.69%。账户组累计卖出3,633,000股，卖出收入共计31,740,500元，净卖出196,000股，获利545,800元。

以上事实，有账户组账户交易资料、委托交易记录、交易数据、资金流水、薛某提供的情况说明、相关人员询问笔录、相关人员关于本人账户的相关情况说明、薛某与相关人员的短信通信记录等证据证明，足以认定。

薛某的上述行为违反了《证券法》第七十七条第一款第（四）项的规定，构成《证券法》第二百零三条所述操纵证券市场行为。

薛某在陈述申辩意见中提出：

第一，《行政处罚事先告知书》（以下简称《告知书》）将2015年3月6日至9日同一时间段内的交易行为和事实错误地重复认定为涉嫌内幕交易和涉嫌股价操纵，属于对同一事实重复认定，不符合法条竞合的法律适用原则和一事不二罚的基本执法原则。

第二，《告知书》中对3月6日至9日同一时间段内的交易行为，既认定利用内幕信息卖出大量股份以规避损失涉嫌内幕交易，又认定集中资金优势连续交易拉升股价涉嫌操纵市场，两个认定结论相互矛盾，选择性剪裁使用证据导致对基本事实和交易行为性质认定有误。

第三，新三板做市商交易机制下，投资者不具备股价操纵的基础和条件，关于涉嫌操纵股价的认定完全不能成立。

第四，"G公司"3月6日至23日股价上涨绝非人为操纵，而是跟随当时整个新三板市场乃至整体资本市场暴涨行情自然上涨的结果。

第五，其与董秘关于公司股票价格的短信绝非下达操纵股价指令，而是和其探讨公司股票合理价格，希望股价客观反映公司价值。

第六,《告知书》中认定,"薛某""孙某桂""薛某杰""王某文""薛某霞""李某叶""雍某雷""G2公司"等8个账户由薛某控制使用,形成"薛某账户组",这一认定与事实不符。上述6个个人账户完全是由户主自己开立,完全是他们自己的资金,买卖股票的决策均由户主本人作出。其填写的《关于本人证券账户的情况说明》等表格为按照调查人员要求填写,不是实际情况的反映。薛某提交了3月10日至13日在香港出差的证明。

第七,从实际交易行为看,主观上并无内幕交易的故意,客观上相关交易行为也不符合内幕交易惯常的特点和规律,关于内幕交易的认定不能成立。

第八,本案调查中所列的三板做市指数比照数据出处存在疑问。《告知书》认定阶段(3月6日、9日)尚未发布新三板做市指数。全国中小公司股份转让系统于3月18日正式发布指数行情。

对于薛某的申辩理由,我会认为:

第一,关于账户组控制关系。相关人员询问笔录及情况说明均证明其账户借给薛某使用;账户组内各账户交易地址高度集中;账户组内部分账户与薛某存在资金关联;相关人员短信内容显示,相关交易是由薛某作出决策并对董秘赵某提出具体要求,由他人组织实施,这种分工不影响对薛某控制账户组的认定。故可认定账户组由薛某控制,其关于账户组不是由其控制的主张无事实和法律依据,不予采纳。

第二,关于内幕交易行为。薛某申辩其在本案中交易行为不符合内幕交易行为特征的理由成立,我会予以采纳,不认定薛某本案相关交易构成内幕交易。

第三,关于操纵证券市场行为。①虽然在做市商交易机制中投资者只与做市商直接交易,但做市商的报价根据投资者的报价和申报数量进行调整。本案中,薛某申报量巨大,必然影响到做市商的报价,从而影响到市场交易价格和交易量。薛某完全具备操纵股价的基础和条件,其通过连续申报、以高于做市商的申报价格大笔申报等方式将"G公司"价格拉抬并维持在8元以上,构成操纵市场行为,故薛某关于做市商交易机制下不能操纵证券市场的理由无事实和法律依据,不予采纳;②薛某与董秘赵某短信记录表明其有明显的股价操纵意图,故对其关于无操纵市场主观故意的主张不予采纳;③薛某于3月11日14:53:40向董秘赵某发送交易指令短信,3月12日开始涉及"须收在8元以上"等操纵股价内容,故应认定薛某操纵行为从3月12日开始。经全国中小企业股份转让系统公司计算,获利为545,800元。

根据当事人违法行为的事实、性质、情节与社会危害程度,依据《证券法》第二百零三条的规定,我会决定:没收薛某违法所得545,800元,并处以545,800元罚款。

上述当事人应自收到本处罚决定书之日起15日内,将罚没款汇交中国证券监督管理委员会,并将注有当事人名称的付款凭证复印件送中国证券监督管理委员会稽查局备案。当事人如果对本处罚决定不服,可在收到本处罚决定书之日起60日内向中国证券监督管理委员会申请行政复议,也可在收到本处罚决定书之日起6个月内向有管辖权的人民法院提起行政诉讼。复议和诉讼期间,上述决定不停止执行。

证监会
2015年12月30日

3. 案例分析

(1) 违规行为的原因

本案中,G公司的大股东薛某利用其股东账户和其他相关联的7个账户组合成了账户组,并通过这些账户在做市商之间的委托报价,形成了对股价的操纵,且有短信等相关证据证明薛某对股价的要求——"需在8元以上"。作为公司大股东和公司经营者,维稳股价是其重要的责任,高股价也保障了持股数量最多的大股东薛某的利益。但是维稳股价应当通过市场化的合法手段,可以公告增持,可以通过提升公司业绩等,而不是以非法手段进行操纵股价。

薛某要求董事会秘书通过一系列其所控制的账户买入、卖出 G 公司股票等交易来控制股价的做法,核心还是以非法手段谋求自身利益,应为新三板市场所警示。

(2) 内幕交易和股价操纵的判定

本案的争议焦点是薛某的行为到底应认定为内幕交易还是股价操纵。由于本次操纵股价的主体既不是市场的投资者,也不是做市商,而是挂牌企业自己的股东,所以就存在内幕交易和股价操纵两个违法违规行为之间竞合。

当事人薛某在证监会第一次针对该案下发了《行政处罚告知书》后,提出了申辩,申辩理由中有两项,内容都指向该案件的认定到底是内幕交易还是股价操纵。根据申辩内容,薛某一是认为,证监会将 2015 年 3 月 6 日至 9 日同一时间段内的交易行为和事实,重复认定为涉嫌内幕交易和涉嫌股价操纵,不符合法条竞合的法律适用原则和一事不二罚的基本执法原则;二是《告知书》中对 3 月 6 日至 9 日同一时间段内的交易行为,既认定利用内幕信息卖出大量股份以规避损失涉嫌内幕交易,又认定集中资金优势连续交易拉升股价涉嫌操纵市场,两个认定结论相互矛盾。总结下来,薛某认为即便其行为存在违规的情形,但证监会的认定一方面存在对同一行为重复认定,另一方面则是两个被认定的事实之间存在矛盾。

从违规主体的行为本身来看,作为大股东,利用自身对公司信息的了解,在二级市场违规买入、卖出挂牌企业股票的行为,确实与内幕交易的基本特征相似;而薛某控制下的同一组 8 个账户自买自卖的行为也是典型的股价操纵行为。

那么,关键点就在于该行为是否同时触犯内幕交易、操纵市场这两个违规行为,还是只触犯了其中一个。从薛某给相关人员发送短信"股价在 8 元以上"等证据来看,当事人薛某的主要意图是要通过相关账户的运作,保障股价在一定金额以上,而并不是通过交易后进行套现获利。

并且,内幕交易的认定需要当事人基于特定的内幕而进行交易,并没有证据证明薛某在本案中利用了可以导致股价产生变动的相关内幕消息。因此,本案的核心问题便得以解决——薛某的行为看似与内幕交易相似,但缺乏引导股价波动的内幕信息这一关键要素,内幕交易获利的条件不充分,而其行为符合操纵市场的各项要素,因此本案属于典型的操纵市场,而非内幕交易,也不属于同时触犯两个违规行为,证监会最后的处罚文件中也证实了这点。

(3) 大股东操纵股价的方式

本案的操纵股价行为由大股东授意、相关人员操作,所以操纵行为较为隐蔽,手法较为巧妙。薛某的操纵行为主要是结合了连续交易、自买自卖、特定价格等几种操纵市场行为于一体,在一定的时间内通过相关账户连续地交易以使得做市价格产生波动;薛某控制的账户组中包含了8个交易账户,这样就具备了自买和自卖的对倒空间;特定价格是操纵主体所拟定的股价操纵方案目标——股价8元以上。

本案的操纵行为混合了上述的若干操纵方式,试图将操纵行为做得更为隐蔽,并且在股价操纵期间,薛某本人还有一段时间在境外出差,无法直接进行操作。但本案中,一是用来操纵的账户多为薛某及与其有较高关联度的主体所拥有的账户,明显体现了市场操纵的痕迹;二是薛某虽然没有直接进行买卖股票的行为,但其发送的"股价需在8元以上"等短信成为了其操纵市场最直接的证据,证明了其系整个操纵行为的实际控制人与负责人。

(4) 监管机构对违规行为的态度

本案的处罚是由证监会而非股转公司所做,通常情况下是要比股转公司更为严厉。并且,与大部分新三板挂牌企业违法违规案例的处罚手段不同的是,本案的处罚手段是罚款,比约谈、警告、谴责等监管措施要严厉得多。

同样是操纵市场,为什么有的案件由股转公司出具监管措施,且监管的力度较轻,而本案则要由证监会做出较为严厉的处罚呢?有的操纵市场案件中,违规主体操纵市场的目的并非获利,所以其操纵行为本质上只是一种对市场的扰乱行为,当事人并未基于这一行为从市场中获得股价涨跌的收益;还有的情形是过失交易导致了股价波动,当事人迅速予以修正,也未从这一操纵市场的行为中获得直接的利益。而与这两者均不同的是,薛某所控制的账户组从一开始就为了保障股价处于一个波段位置而进行连续买卖、自买自卖,并且相关账户存在卖出获利的情形,存在故意操纵市场的主观因素和直接获利的客观条件,构成了操纵市场违规。本案涉及资金数十万元,情节较为严重,因此处罚更为严厉,对新三板市场的大股东而言更具有警示意义。

从本案可以看出,情节较为严重的操纵市场案,股转公司会上报证监会进行处理。目前,由股转公司直接处罚的较轻案件和上报证监会处理的相对较重案件之界定,尚未有法律规范予以明确。但根据实践来看,满足了"主观故意的操纵意图、实施了操纵市场的行为、当事人在证券市场有一定获利"这三个条件的行为可视作较为严重的操纵市场行为,由证监会进行查处。而一些情节较轻、并非主观故意导致、对市场影响不大或者当事人也未直接从股价波动中获利的操纵行为,则由股转公司进行处罚。

4. 案例启示

(1) 要构建成熟和完善的市场操纵监控机制

监控新三板市场的交易对操纵市场案件显得尤为重要,在本案中,如果缺乏关键性的证据亦即薛某所实际控制的 8 个具有一定关联关系的账户组,那么案件的侦查和处理将会很难进行下去。所以,监管机构在监控中,应借鉴主板市场成熟有效的监管经验,加强对新三板市场交易的监控,对可疑的账户和交易方,都应当通过人工或电脑的方式予以筛选,并进一步判定。

在较为成熟的监控机制下,涵盖挂牌企业大股东的持股数、买卖数量和持股比例等在内的数据较为重要。如果相关账户的操作数据能够及时在市场中反映出来,一方面则便于监管机构监控和管理,另一方面也使大股东有所忌惮,不敢随意违规。

(2) 做好对挂牌企业的辅导,遏制操纵市场行为

督导券商等各中介机构应勤勉尽责地履行好相关义务,对于哪些行为属于操纵市场、操纵市场有哪些手段、操纵市场后的处罚结果等信息,都应向挂牌企业反复强调。

一旦违规行为被监管机构查处后,中介机构的补救措施往往为时已晚。所以,操纵市场这类问题,防范大于处理,应成为券商、律师事务所等中介机构在辅导中的重点课程,中介机构应指导挂牌企业的主要股东以及所有董事、监事和高管及时知晓。

(3) 遇到操纵行为的应对

挂牌企业的股东和高管应当认真学习新三板市场的法律法规,充分了解监管机构的监管底线以及违法违规的后果,防止操纵市场情形出现。操纵市场行为一旦被查处,会对挂牌企业造成很大负面影响,从而波及挂牌企业股价。

挂牌企业一旦发现公司股东和高管存在市场操纵的行为,如果当事人仅仅在筹划阶段,应及时劝阻并尽可能联系持续督导券商,联合持续督导券商告知违规行为的严重性和相应的后果,一同防止操纵行为的发生;如果在操纵市场行为发生后发现的,应当及时通知持续督导券商,由持续督导券商先行判断是否属于市场操纵,若属于市场操纵的情况,挂牌企业和持续督导券商应及时向股转公司、证监会或当地证监局报告。

(四) 案例8:市场投资者"H帮"操纵多个挂牌企业股价

1. 案情介绍

本案与之前的案例区别在于,本案的挂牌企业并没有过错,违规主体是市场重要的参与者——投资人。投资人作为操纵市场主体的情况在主板市场常常会出现,一些著名的"游资"通过资金优势和部分信息优势等,对股价进行操纵,以达到获利的目的。与主板市场不同的是,新三板市场没有涨跌限制,如果投资者想要通过买卖等方式拉高股价是很容易做到的。

本案中,被称为"H帮"的投资者对多个挂牌企业的股价进行了操控。"H帮"系一组涵盖了4个账户在内的组合,这四家账户均托管于某证券公司H市某营业部,因此这一系列投资者也被外界称为"H帮"。

2015年3月23日至27日这一周时间内,股转公司交易监察系统显示,有近40笔交易以超高价格成交,所涉及的协议转让股票共18只。

在此以其中一家挂牌企业H1为例。2015年3月23日,H1公司股价的走势从100元开始起步,四个交易日分别上涨了10%、44.44%、369%和42%,最终攀至1,058元/股。在连续暴涨中,交易方报出的交易价格也出奇的高。以3月26日股转公司披露的交易公开信息为例,当天共有三笔协议成交,其中一笔成交价高达758元/股,另外两笔成交价也超过700元/股。而3月29日,H1公司的收盘价仅为159元/股。另外,上述三笔交易的买卖双方证券账户均托管于某证券公司H市某营业部,买方显示的户名都是"H帮"账户组中的某一账户。

据股转公司交易监察系统显示,今年3月23日至27日,H1公司共有6笔交易以超过合理价格区间成交,成交价格110元至1,058元不等。另外,在此期间,超高价格申报合计263笔,除了H1公司以外,还涉及了61只协议转让股票,涉及投资者合计90名,其中机构投资者8名,自然人投资者82名。参与H1公司股票交易的账户在交易报价中出现了千元,甚至99,999.99元/股的买卖报单。

监管机构的调查结果显示,与"H帮"有关的超高价报价的挂牌企业共计18家,多数公司交易方式均为协议转让。对于多家公司在几个交易日内连续多次出现超高价格交易情况,有媒体报道是相关交易方在进行对倒交易,通过为下一交易日转让造势并不断抬高股价。

2. 违规处罚或监管措施

本案的操纵行为严重干扰了市场正常的交易秩序和正常的价格形成机制。对于这类行为,股转公司态度坚决、明确,即坚持"零容忍",坚决亮剑,严肃处理,绝不姑息,绝不手软。

鉴于该案情况较为严重也具有一定的代表意义,股转公司在启动调查程序时,也按照规定报告证监会,由证监会进行处理。证监会查明,"H帮"的四个证券交易账户实际上都是由冼某实际控制使用,冼某通过在自己实际控制的账户之间交易、异常价格申报等方式影响"H1公司"等18支新三板股票的交易价格和交易量,获利246,110元。证监会决定依法没收冼某违法所得,并处以738,330元罚款。

附:对操纵市场主体的监管处罚文件

《行政处罚决定书》

当事人:冼某。

依据《中华人民共和国证券法》(以下简称《证券法》)的有关规定,我会对冼某违规交易"H1公司"等18支全国中小企业股份转让系统挂牌企业股票的行为进行了立案调查、审理,并依法向冼某告知了作出行政处罚的事实、理由、依据及当事人依法享有的权利。当事人未提出陈述、申辩意见,也未要求听证。本案现已调查、审理终结。

经查明,冼某存在以下违法事实:

一、冼某控制使用账户情况

冼某控制使用4个证券账户(以下统称账户组),账户组存在资金、人员关系等方面的关联,下单所使用的电脑、交易地址与冼某从事证券交易电脑的信息部分重合,交易行为趋同。冼某承认其实际控制使用账户组。

二、冼某违规交易情况

冼某控制使用账户组,通过在自己实际控制的账户之间交易、异常价格申报等方式影响"H1公司"等18支股票的交易价格和交易量,获利246,110元。

(一)账户组交易"H1公司"的情况

冼某操作a账户于2014年12月12日买入"H1公司"18,000股,成交价格1元/股。2015年3月17日至27日,冼某操作账户组累计交易"H1公司"7,000股,成交金额3,662,640元,其中账户组间交易6,000股,占账户组总成交量85.71%,占该期间"H1公司"市场交易量85.71%;成交金额3,552,640元,占账户组总成交金额97%,其中有4个交易日(3月17日、25日、26日、27日)账户组间交易量占市场成交量100%。

账户组间交易的价格最低为100元/股,最高为1,058元/股,与前个交易日收盘价相比偏离幅度最低为5.26%,最高为377.09%;与账户组对外交易价格110元/股相比,偏离幅度分别为-9.09%和861.82%。

a、b账户还分别在3月13日、16日、17日、18日、20日、23日、24日、25日、26日和30日以99,999.99元的异常价格申报卖出"H1公司"共13笔,每笔1,000股。

(二)账户组交易"H2公司"的情况

冼某操作a、b、c等3个账户于2015年2月26日至3月6日累计买入"H2公司"100,000股,平均成交价格约4.19元/股;在2015年2月27日至3月9日将股票全部卖出,平均成交价格约5.23元/股。2015年2月26日至3月9日,冼某操作a、b、c账户累计交易"H2公司"256,000股,成交金额2,297,200元,其中账户组间交易66,000股,占账户组总成交量21.88%,占该期间"H2公司"市场交易量12.44%;成交金额1,356,200元,占账户组总成交金额59.03%,其中有2个交易日(3月3日、4日)账户组间交易量占市场成交量比重超过30%,占比分别为40%、61.04%。

账户组间交易的价格最低为5.78元/股,最高为47.38元/股,与前个交易日收盘价相比偏离幅度最低为-63.39%,最高为94.37%;与账户组对外买入价格最低 3.68 元,最高 29.88 元相比,偏离幅度分别为 57.07% 和 58.57%;与账户组对外卖出价格最低 4.36 元,最高 30 元相比,偏离幅度分别为 32.57% 和 57.93%。

a、b、c 账户还在 3 月 3 日、4 日、6 日以 48 元至 99,999.99 元间的异常价格申报卖出"H2 公司"共 82 笔,其中 3 月 3 日有 9 笔申报价格卖出金额在 100 元以上。

(三)账户组交易"H3 公司"的情况

冼某操作账户组于 2015 年 3 月 23 日至 4 月 3 日累计交易"H3 公司"55,218 股,成交金额 1,930,402 元,其中账户组间交易 20,406 股,占账户组总成交量 36.96%,占该期间"H3 公司"市场交易量 10.48%;成交金额 1,529,500 元,占账户组总成交金额 79.23%,有 4 个交易日(3 月 24 日、25 日、26 日、27 日)账户组间交易量占市场成交量比重超过 30%,其中有 3 个交易日的比重均为 100%。

账户组间交易的价格最低为 25 元/股,最高为 120 元/股,与前个交易日收盘价相比偏离幅度最低为 28.95%,最高为 1,900%;与账户组对外交易价格最低 2 元,最高 20 元相比,偏离幅度分别为 1,150% 和 500%。

(四)账户组交易"H4 公司"的情况

冼某操作 a、b、c 等 3 个账户于 2015 年 3 月 12 日、13 日、17 日、20 日累计买入"H4 公司"50,000 股,平均成交价格约 3.19 元/股;在 2015 年 3 月 20 日、24 日和 25 日将股票全部卖出,平均成交价格约 6.64 元/股。2015 年 3 月 12 日至 25 日,冼某操作 a、b、c 账户累计交易"H4 公司"138,000 股,成交金额 913,740 元,其中账户组间交易 38,000 股,占账户组总成交量 27.53%,占该期间"H4 公司"市场交易量 11.24%;成交金额 422,520 元,占账户组总成交金额 46.24%,其中有 4 个交易日(3 月 16 日、17 日、18 日、19 日)账户组间交易量占市场成交量比重超过 30%,占比分别为 50%、53.58%、100%、64.71%。

账户组间交易的价格最低为 1.6 元/股,最高为 40 元/股,与前个交易日收盘价相比偏离幅度最低为-48.18%,最高为318.87%;与账户组对外买入价格最低1.91元,最高3.88元相比,偏离幅度分别为-16.23%和930.93%;与账户组对外卖出价格最低3.88元,最高16.28元相比,偏离幅度分别为-58.76%和145.70%。

a、b账户还在3月19日、20日分别以9,999.99元、1,000元和99,999.99元的异常价格申报卖出"H4公司"共3笔。

(五)账户组交易"H5公司"的情况

冼某操作账户组于2015年3月9日买入"H5公司"1,000股,成交价格3.2元/股。3月9日至18日,累计交易"H5公司"11,000股,成交金额41,380元,其中账户组间交易5,000股,占账户组总成交量45.45%,占该期间"H5公司"市场交易量4.67%;成交金额10,590元,占账户组总成交金额25.59%,其中有3个交易日(3月13日、16日、17日)账户组间交易量占市场成交量比重超过30%,分别为100%、50%、100%。

账户组间交易"H5公司"的价格最低为0.01元/股,最高为2.9元/股,与前个交易日收盘价相比偏离幅度最低为-99.81%,最高为220%;与账户组对外交易价格最低3.2元,最高8.68元相比,偏离幅度分别为-99.69%和-66.59%。

a账户于3月12日以0.01元的异常价格申报买入"H5公司"1笔,同日b账户以0.01元卖出1笔。

(六)账户组交易"H6公司"的情况

冼某操作a、b、c三个账户于2015年3月23日至27日累计交易"H6公司"582,000股,成交金额2,152,260元,其中账户组间交易34,000股,占账户组总成交量5.84%,占该期间"H6公司"市场交易量1.29%;成交金额769,140元,占账户组总成交金额35.74%,其中有1个交易日(3月25日)账户组间交易量占市场成交量比重超过30%,为32%。

账户组间交易的价格最低为0.01元/股,最高为80元/股,与前个交易日收盘价相比偏离幅度最低为-99.85%,最高为1,101.2%;与账户组对外交易价格最低2.1元,最高6.66元相比,偏离幅度分别为

-99.52%和1,101.2%。

(七) 账户组交易"H7公司"的情况

冼某操作a、b、c等3个账户于2015年3月20日买入"H7公司"11,000股,平均成交价格约6.59元/股;在2015年3月25日、26日卖出全部股票,平均成交价格约5.91元/股。2015年3月20日至26日,冼某操作a、b、c等3个账户累计交易"H7公司"31,000股,成交金额471,140元,其中账户组间交易9,000股,占账户组总成交量29.03%,占该期间"H7公司"市场交易量4.53%;成交金额333,640元,占账户组总成交金额70.82%,其中有2个交易日(3月23日、24日)账户组间交易量占市场成交量比重超过30%,占比分别为54.54%、100%。

账户组间交易的价格最低为27.88元/股,最高为58元/股,与前个交易日收盘价相比偏离幅度最低为2.88%,最高为140%;与账户组对外买入价格最低4元,最高16.2元相比,偏离幅度分别为597%和258%;与账户组对外卖出价格最低5元,最高6元相比,偏离幅度分别为457.6%和866.67%。

(八) 账户组交易"H8公司"的情况

冼某操作账户组于2015年3月26日、27日累计买入"H8公司"182,000股,平均成交价格约2.65元/股;在2015年3月27日和30日将股票全部卖出,平均成交价格约4.89元/股。2015年3月26日至30日,冼某操作账户组累计交易"H8公司"422,000股,成交金额9,426,890元,其中账户组间交易58,000股,占账户组总成交量13.74%,占该期间"H8公司"市场交易量1.15%;成交金额8,053,990元,占账户组总成交金额85.44%,其中有1个交易日(3月27日)账户组间交易量占市场成交量比重超过30%,占比为33.92%。

账户组间交易的价格最低为19元/股,最高为520元/股,与前个交易日收盘价相比偏离幅度最低为192.31%,最高为7,900%;与账户组对外买入价格最低2元,最高7元相比,偏离幅度分别为850%和7,328.57%;与账户组对外卖出价格最低0.1元,最高7元相比,偏离幅度分别为

18,900%和7,328.57%。

(九)账户组交易"H9公司"的情况

冼某操作账户组于2015年3月26日至30日交易"H9公司"15,000股,成交金额689,150元,其中账户组间交易5,000股,占账户组总成交量33.33%,占该期间"H9公司"市场交易量5.34%;成交金额376,870元,占账户组总成交金额54.69%,其中1个交易日(3月27日)账户组间交易量占市场成交量超过30%,为100%。

账户组间交易的价格最低为38元/股,最高为198元/股,与前个交易日收盘价相比偏离幅度最低为25%,最高为1,399%;与账户组对外交易价格最低12元,最高14.28元相比,偏离幅度分别为216.67%和1,286.55%。

其中,a账户还在3月30日以99,999.99元的异常价格申报卖出"H9公司"1笔,共1,000股。

(十)账户组交易"H10公司"的情况

冼某操作账户组于2015年3月27日买入"H10公司"176,000股,成交均价3.61元/股。3月27日至4月2日,冼某操作账户组累计交易"H10公司"共计361,000股,成交金额1,528,890元,其中账户组间交易16,000股,占账户组总成交量4.43%,占该期间"H10公司"市场交易量1.1%;成交金额218,030元,占账户组总成交金额14.3%,其中3月30日账户组间成交量占当日市场交易量19.75%。

账户组间交易的价格最低为4.58元/股,最高为23.88元/股,与前个交易日收盘价相比偏离幅度最低为-38.9%,最高为565%,与账户组对外交易价格最低3元,最高5.5元相比,偏离幅度分别为52.67%和334.18%。

(十一)账户组交易"H11公司"的情况

冼某操作广安居账户于2015年1月9日买入"H11公司"5,000股,成交价格2.5元/股。1月9日至3月30日,冼某操作账户组累计交易"H11公司"194,000股,成交金额1,082,040元,其中账户组间交易

32,000股,占账户组总成交量16.49%,占该期间"H11公司"市场交易量1.37%;成交金额531,540元,占账户组总成交金额49.12%,其中有2个交易日(3月12日、16日)账户组间交易量占市场成交量比重超过30%,均为100%。

账户组间交易的价格最低为0.01元/股,最高为288.88元/股,与前个交易日收盘价相比偏离幅度最低为-10,180.43%,最高为99.70%;与账户组对外交易价格最低1.99元,最高4.38元相比,偏离幅度分别为-99.49%和6,495.43%。

此外,b、c账户分别在3月11日以0.01元的异常价格申报买入和卖出"H11公司"各1笔,申报数量分别为每笔74,000股和1,000股;且b账户在3月20日以99,999.99元的异常价格申报卖出"H11公司"1笔,共1,000股。

(十二)账户组交易"H12公司"的情况

冼某操作a、b、c三个账户于2015年3月3日至24日累计交易"H12公司"585,000股,成交金额2,737,740元,其中账户组间交易77,000股,占账户组总成交量13.16%,占该期间"H12公司"市场交易量5.32%;成交金额925,520元,占账户组总成交金额33.81%,其中有2个交易日(3月4日、6日)账户组间交易量占市场成交量比重超过30%,分别为50%、42.11%。

账户组间交易的价格最低为0.01元/股,最高为29.88元/股,与前个交易日收盘价相比偏离幅度最低为-99.74%,最高为1,358.33%;与账户组对外交易价格最低0.01元,最高4.35元相比,偏离幅度分别为0和586.90%。

(十三)账户组交易"H13公司"的情况

冼某操作a、b账户于2015年3月20日至26日累计交易"H13公司"15,000股,成交金额328,210元,其中账户组间交易7,000股,占账户组总成交量46.67%,占该期间"H13公司"市场交易量3.55%;成交金额271,010元,占账户组总成交金额82.57%,其中3月23日账户组间交易量占市场成交量比重超过30%,为66.67%。

账户组间交易的价格最低为0.01元/股,最高为79.99元/股,与前个交易日收盘价相比偏离幅度最低为-99.80%,最高为1,212.20%;与账户组对外交易价格最低4元,最高16.2元相比,偏离幅度分别为-99.75%和393.77%。

(十四)账户组交易"H14公司"的情况

冼某操作a、b、c三个账户于2015年3月4日至11日累计交易"H14公司"367,000股,成交金额1,606,890元,其中账户组间交易15,000股,占账户组总成交量4.09%,占该期间"H14公司"市场交易量0.28%;成交金额123,260元,占账户组总成交金额7.67%。

账户组间交易的价格最低为0.02元/股,最高为29.28元/股,与前个交易日收盘价相比偏离幅度最低为-99.62%,最高为632%;与账户组对外交易价格最低3.5元,最高5.65元相比,偏离幅度分别为-99.43%和418.23%。

a账户还在3月10日以0.02元的异常价格申报卖出"H14公司",并与c账户实际成交9笔。

(十五)账户组交易"H15公司"的情况

冼某操作a、b、c三个账户于2015年3月10日至25日累计交易"H15公司"383,428股,成交金额1,356,499.54元,其中账户组间交易23,714股,占账户组总成交量6.18%,占该期间"H15公司"市场交易量1.25%;成交金额298,013.21元,占账户组总成交金额21.97%。

账户组间交易的价格最低为4.9元/股,最高为23.88元/股,与前个交易日收盘价相比偏离幅度最低为10.86%,最高为829.18%;与账户组对外交易价格最低2.5元,最高8元相比,偏离幅度分别为96%和198.5%。

(十六)账户组交易"H16公司"的情况

冼某操作账户组于2015年3月25日买入"H16公司"264,000股,成交均价2元/股。3月25日至31日,冼某操作账户组累计交易"H16公司"696,000股,成交金额4,696,360元,其中账户组间交易163,000股,占账户组总成交量23.42%,占该期间"H16公司"市场交易量2.20%;成交金额2,716,140元,占账户组总成交金额57.84%。

账户组间交易的价格最低为5元/股,最高为20元/股,与前个交易日收盘价相比偏离幅度最低为-0.86%,最高为825.93%;与账户组对外交易价格最低1.94元,最高3.95元相比,偏离幅度分别为157.73%和406.33%。

(十七)账户组交易"H17公司"的情况

冼某操作广安居、八通街、三宝投资账户于3月19日至25日累计交易"H17公司"142,000股,成交金额840,030元,其中账户组间交易28,000股,占账户组总成交量19.72%,占该期间"H17公司"市场交易量1.27%;成交金额546,630元,占账户组总成交金额65.07%。

账户组间交易的价格最低为0.01元/股,最高为38.88元/股,与前个交易日收盘价相比偏离幅度最低为-99.74%,最高为1,205.5%;与账户组对外交易价格最低2.2元,最高3.4元相比,偏离幅度分别为-99.55%和1,043.53%。

(十八)账户组交易"H18公司"的情况

冼某操作账户组于2015年1月16日至3月30日,累计交易"H18公司"55,800股,成交金额313,630元,其中账户组间交易3,000股,占账户组总成交量5.38%,占该期间"H18公司"市场交易量3.55%;成交金额143,060元,占账户组总成交金额45.61%。

账户组间交易的价格最低为7.18元/股,最高为120元/股,与前个交易日收盘价相比偏离幅度最低为-6.67%,最高为2,221.08%;与账户组对外交易价格最低2.5元,最高24.98元相比,偏离幅度分别为468%和7,004%。

综上,冼某通过控制账户组,利用账户组间交易、异常价格申报等交易方式,影响了"H1公司"等18支股票的交易量和交易价格,共获利246,110元。

以上事实有相关人员询问笔录、情况说明、公司资料、账户资金流水、交易数据、交易地址、全国中小企业股份转让系统计算的数据等证据证明，足以认定。

冼某的上述行为违反了《证券法》第七十七条第一款第（三）项、第（四）项的规定，构成《证券法》第二百零三条所述操纵证券市场的行为。

根据当事人违法行为的事实、性质、情节与社会危害程度，依据《证券法》第二百零三条的规定，我会决定：没收冼某违法所得 246,110 元，并处以 738,330 元罚款。上述当事人应自收到本处罚决定书之日起 15 日内，将罚没款汇交中国证券监督管理委员会，并将注有当事人名称的付款凭证复印件送中国证券监督管理委员会稽查局备案。当事人如果对本处罚决定不服，可在收到本处罚决定书之日起 60 日内向中国证券监督管理委员会申请行政复议，也可在收到本处罚决定书之日起 6 个月内向有管辖权的人民法院提起行政诉讼。复议和诉讼期间，上述决定不停止执行。

证监会

2015 年 12 月 3 日

3. 案例分析

（1）违规行为的原因

关于本案的原因，当事人也有自己的说法，本案"H 帮"实际控制人是陈某华和冼某两个。当事人之一陈某华表示，公司在新三板从事的投资是他们用自有资金所做出的投资，并不涉及其他人。

而谈及违规行为的原因，根据媒体的访谈结果，陈某华表示，"只是想通过曝光这件事情来引起外界注意其与 H1 公司的纠纷。"此前，据媒体报道，H1 公司在 2014 年 12 月 12 日曾发生过一起"乌龙指"事件，因公司操作失误，将"协议互报卖出"点成了"定价委托"，原本应向特定投资者出售的 25 万股股票，被"H 帮"的 a 账户以及北京、西安的两名投资人在市场中以 1 元/股的价格分别买入 1.8 万股、0.2 万股、23 万股。此后西安投资者与公司达成协议,将所持股票以 4.35 元/股出售给公司,不过包括陈某华在内的两名投资人当时并未与公司达成共识,因此 H1 公司股东郭某向公司所在地的人民法院提起诉讼,按照司法程序,法院冻结了两家投资者所持有的 H1 公司股票。

随后陈某华提出了管辖权异议并同时提出了反诉,后来 H1 公司撤诉,而两家投资者所持有的公司股票也在 3 月 12 日获得解冻,此后北京投资者分别以 90 元/股和 88 元/股的价格在市场上卖出了其所持有的股票。陈某华仍然要求公司方面先赔礼道歉,但一直未得到公司的回应。

陈某华的代理律师称,"陈某华认为,自己是通过公开市场买的股票,而对方后来突然冻结了她的股票,并给她私人生活造成了不便,因此其向法院提起反诉,要求对方公开赔礼道歉,并赔偿冻结期间的损失 1 元钱。虽然在此期间,H1 公司曾派人过来谈判,但是双方始终没有达成结果。"据了解,目前法院还没有对此作出处理。

当事人陈某华表示,投诉了 H1 公司很多次后未受到反馈和重视,所以选择通过不停拉高几只股票股价的方式来引起市场重视,同时陈某华也承认拉高股价的行为是错误的,"当时被拉高的几家公司也是无辜的,我们可以跟他们说声对不起。"

据了解,2015 年 3 月 31 日,股转公司已经电话联系了涉事的证券营业部,要求陈某华签署书面的合规交易承诺书,保证在交易委托过程中价格不超出证券合理价格范围,并承诺不利用非实名账户买入股票,不利用资金优势等进行内幕交易、市场操纵等违法违规的行为。同时,股转公司也向其表示,将尽快处理其与 H1 公司的事情。

从对陈某华的采访等一系列材料中来看,如果陈某华所说属实,且具备相关证据支撑的话,那么本案中的违规行为的原因可能真的不是为了获利。一般来说,单纯为了获利而进行的股价操纵行为会以较为巧妙和隐蔽的方式进行,波动幅度可以较大但不会做到夸张的程度,并且股价以一个离谱的超高价格成交,也很难起到吸引投资者入场的效果。所以,本案有很大可能是属于投资者故意拉高股价,吸引媒体注意,以解决当事人和 H1 公司之间的纠纷。

此外,"H 帮"并不仅仅炒作了 H1 公司一只股票的挂牌价格,而是涉及了 18 家公司,如果说对 H1 公司的拉高股价是当事人自己所宣称的"引起各界注意,关注其与 H1 公司的纠纷"的话,那么其他 17 家公司也是由"H 帮"控制的账户进行操纵,当事人对这 17 家公司的操纵股价行为缺乏合理的解释。

就本案而言,无论基于什么样的原因,当事人还是采取了协议转让中以超高价格成交转让股权的事实,构成了市场操纵,对新三板市场的秩序造成了一定的影响,当事人应承担相应的法律责任。

(2) 协议转让的股价操纵方式

与做市转让中拉高拉低股价的方式不同,本案的操纵股价方式主要以协议转让完成。在协议转让的制度之下,投资者可以设定任意价格,通过协议买入和卖出的方式实现对倒交易。没有涨跌停限制更是扩大了可操纵的空间,以一个相对吸引人的涨幅慢慢拉抬价格,配合基本面因素吸引接盘者,这些都不是新招数。如果是为了获利而进行的操纵股价,那么其主要目的还是要吸引后续的接盘者,从而将其手中的筹码抛售以获利,H1 公司的股价炒作已经到了一个较为离谱的价格,理性的市场参与者并不会无故购买这样的天价股票,所以当事人的操纵虽然拉高了股价,但主要的弊端在于其扰乱了市场秩序,而非从中获利。

此外,由于协议转让的挂牌企业股票收盘价是按照当天交易的最后 30 分钟的成交量加权平均价来计算的,因此这段时间有时候会出现价格严重偏离的挂单,以此制造出涨幅很大的错觉,以达到拉抬股价,吸引接盘者的目的。

做市转让还有做市商在中间承接买卖的价格控制功能,要大幅拉低或者抬高股价需要做市商的配合或者极大的操纵技巧,而协议转让只需要完成相关的操作步骤,价格是自由决定的,为利益输送、避税等提供了一定的空间。

(3) 监管机构对违规行为的态度

与大股东操纵股价一样,本案的处罚是由证监会而非股转公司所作出的,这样的处罚结果代表了监管机构对于操纵市场行为的深恶痛绝,操纵市场这种严重的违法违规行为应受到严厉打击。

4. 案例启示

(1) 对市场交易的监管不可放松

操纵行为较为隐蔽、股价日波动率较小的成熟型市场操纵者,往往很难被监管机构所查知。据了解,股转公司规定对协议方式转让的股票,当日涨跌幅大于50%的股票交易会进行信息披露,因此真正以获利为目的的操纵者大多会将当日价格涨跌幅尽量控制在50%以内,隐蔽的操纵、成熟的手法,是监管机构在监管和查处操纵市场行为时的难点。

监管机构在监管类似的操纵股价案件时,一是应当提升对操纵行为的查处力度,对一些熟练的操纵市场"老手"进行严厉处罚,给予警示;二是尽可能使协议转让的价格对市场产生的影响控制到最小程度;三是进一步完善协议转让的操作机制,保障协议转让过程中不出现交易漏洞;四是监管机构应结合我国新三板市场的发展特点,为市场提供更为公平的交易平台,营造更多元化的交易方式,避免协议转让中的暗箱操作。

(2) 投资者要趋于理性

新三板市场已经设立了较高的投资者准入门槛,能进入的都是有一定投资经验、具备一定资本实力的投资者。所以,对这些投资者而言,投资行为都应当是趋于理性的。在出现"天价"股票的情形产生时,投资者应当首先思考股价的合理性,经过审慎分析后再进行投资,以免落入操纵市场者所构建的陷阱中去。

在一个理性的资本市场中,操纵市场的收获往往不大。所以,我们要将新三板市场打造成一个理性投资市场,使得即便有些投资人想利用资金等优势进行股价炒作,也难以吸引到跟风资金,操纵市场的获益有限,减少此类违法违规现象。

(3) 挂牌企业应当重视股价的异变

挂牌企业在操纵股价案中,大部分都是以受害者的形象出现。即便其股价可能在操纵市场行为中得到上涨,但受操纵市场行为败露、监管机构处罚、市场负面信息传播等因素的影响,拉高的股价很有可能被打回原形,甚至跌得更低。挂牌企业在遇到股价被恶意操纵情形时,应当与持续督导券商深入沟通,了解事件的来龙去脉,及时向监管机构报告相关情况,及时做好信息披露工作,当公司利益因操纵市场行为受到损害时,也应及时联系律师事务所,通过法律的途径维护自己的正当利益。

此外,挂牌企业应注意投资者关系的维护,在本案中出现的当事人陈某华和 H1 公司就是因为此前存在一定的纠纷,陈某华才通过操纵股价这一不当方式进行解决,影响了挂牌企业的正常交易。

(五)相关法律法规梳理

1.《刑法》

第一百八十二条 有下列情形之一,操纵证券、期货市场,情节严重的,处五年以下有期徒刑或者拘役,并处或者单处罚金;情节特别严重的,处五年以上十年以下有期徒刑,并处罚金:

(一)单独或者合谋,集中资金优势、持股或者持仓优势或者利用信息优势联合或者连续买卖,操纵证券、期货交易价格或者证券、期货交易量的;

(二)与他人串通,以事先约定的时间、价格和方式相互进行证券、期货交易,影响证券、期货交易价格或者证券、期货交易量的;

(三)在自己实际控制的账户之间进行证券交易,或者以自己为交易对象,自买自卖期货合约,影响证券、期货交易价格或者证券、期货交易量的;

(四)以其他方法操纵证券、期货市场的。

单位犯前款罪的,对单位判处罚金,并对其直接负责的主管人员和其他直接责任人员,依照前款的规定处罚。

2.《证券法》

第五条 证券的发行、交易活动,必须遵守法律、行政法规;禁止欺诈、内幕交易和操纵证券市场的行为。

第七十七条 禁止任何人以下列手段操纵证券市场:

(一)单独或者通过合谋,集中资金优势、持股优势或者利用信息优势联合或者连续买卖,操纵证券交易价格或者证券交易量;

(二)与他人串通,以事先约定的时间、价格和方式相互进行证券交易,影响证券交易价格或者证券交易量;

(三)在自己实际控制的账户之间进行证券交易,影响证券交易价格或者证券交易量;

(四)以其他手段操纵证券市场。

操纵证券市场行为给投资者造成损失的,行为人应当依法承担赔偿责任。

第二百零三条 违反本法规定,操纵证券市场的,责令依法处理非法持有的证券,没收违法所得,并处以违法所得一倍以上五倍以下的罚款;没有违法所得或者违法所得不足三十万元的,处以三十万元以上三百万元以下的罚款。单位操纵证券市场的,还应当对直接负责的主管人员和其他直接责任人员给予警告,并处以十万元以上六十万元以下的罚款。

3.《全国中小企业股份转让系统有限责任公司管理暂行办法》

第二十六条 因突发性事件而影响股票转让的正常进行时,全国股份转让系统公司可以采取技术性停牌措施;因不可抗力的突发性事件或者为维护股票转让的正常秩序,可以决定临时停市。

全国股份转让系统公司采取技术性停牌或者决定临时停市,应当及时报告中国证监会。

第二十七条 全国股份转让系统公司应当建立市场监控制度及相应技术系统,配备专门市场监察人员,依法对股票转让实行监控,及时发现、及时制止内幕交易、市场操纵等异常转让行为。

对违反法律法规及业务规则的,全国股份转让系统公司应当及时采取自律监管措施,并视情节轻重或根据监管要求,及时向中国证监会报告。

4.《全国中小企业股份转让系统业务规则(试行)》

1.3 全国股份转让系统的证券公开转让及相关活动,实行公开、公平、公正的原则,禁止证券欺诈、内幕交易、操纵市场等违法违规行为。

市场参与人应当遵循自愿、有偿、诚实信用的原则。

5.《全国中小企业股份转让系统股票转让细则(试行)》

第三条 股票转让及相关活动实行公开、公平、公正的原则,禁止证券欺诈、内幕交易、操纵市场等违法违规行为。

第三十三条 持续督导券商通过报盘系统向全国股份转让系统交易主机发送买卖申报指令。买卖申报经交易主机撮合成交后,转让即告成立。按本细则各项规定达成的交易于成立时生效,交易记录由全国股份转让系统公司发送至持续督导券商。

因不可抗力、意外事件、交易系统被非法侵入等原因造成严重后果的转让,全国股份转让系统公司可以采取适当措施或认定无效。

对显失公平的转让,经全国股份转让系统公司认定,可以采取适当措施。

第三十四条 违反本细则,严重破坏证券市场正常运行的转让,全国股份转让系统公司有权宣布取消转让。由此造成的损失由违规转让者承担。

第五十七条 做市商开展做市业务,应通过专用证券账户进行。做市专用证券账户应向中国结算和全国股份转让系统公司报备。

做市商不再为挂牌企业股票提供做市报价服务的,应将库存股票转出做市专用证券账户。

第五十八条 做市商证券自营账户不得持有其做市股票或参与做市股票的买卖。

第一百一十二条 全国股份转让系统公司对股票转让过程中出现的下列事项,予以重点监控:

(一)涉嫌内幕交易、操纵市场等违法违规行为;

(二)可能影响股票转让价格或者股票成交量的异常转让行为;

(三)股票转让价格或者股票成交量明显异常的情形;

(四)买卖股票的范围、时间、数量、方式等受到法律、行政法规、部门规章、其他规范性文件、《业务规则》及全国股份转让系统其他规定限制的行为;

(五)全国股份转让系统公司认为需要重点监控的其他事项。

第一百一十三条 可能影响股票转让价格或者股票成交量的异常转让行为包括:

(一)可能对股票转让价格产生重大影响的信息披露前,大量或持续买入或卖出相关股票;

(二)单个证券账户,或两个以上固定的或涉嫌关联的证券账户之间,大量或频繁进行反向交易;

(三)单个证券账户,或两个以上固定的或涉嫌关联的证券账户,大笔申报、连续申报、密集申报或申报价格明显偏离该证券行情揭示的最近成交价;

(四)频繁申报或撤销申报,或大额申报后撤销申报,以影响股票转让价格或误导其他投资者;

(五)集合竞价期间以明显高于前收盘价的价格申报买入后又撤销申报,随后申报卖出该证券,或以明显低于前收盘价的价格申报卖出后

又撤销申报,随后申报买入该证券;

(六)对单一股票在一段时期内进行大量且连续交易;

(七)大量或者频繁进行高买低卖交易;

(八)单独或者合谋,在公开发布投资分析、预测或建议前买入或卖出相关股票,或进行与自身公开发布的投资分析、预测或建议相背离的股票转让;

(九)申报或成交行为造成市场价格异常或秩序混乱;

(十)涉嫌编造并传播交易虚假信息,诱骗其他投资者买卖股票;

(十一)全国股份转让系统公司认为需要重点监控的其他异常转让。

持续督导券商发现客户存在上述异常转让行为,应提醒客户;对可能严重影响交易秩序的异常转让行为,应及时报告全国股份转让系统公司。

第一百一十四条 股票转让价格或者股票成交量明显异常的情形包括:

(一)同一证券营业部或同一地区的证券营业部集中买入或卖出同一股票且数量较大;

(二)股票转让价格连续大幅上涨或下跌,且挂牌企业无重大事项公告;

(三)全国股份转让系统公司认为需要重点监控的其他异常转让情形。

第一百一十五条 全国股份转让系统公司对做市商的以下行为进行重点监控:

(一)不履行或不规范履行报价义务;

(二)频繁触发豁免报价条件;

(三)涉嫌以不正当方式影响其他做市商做市;

(四)库存股数量异常变动;

(五)报价异常变动,或通过频繁更改报价涉嫌扰乱市场秩序;

（六）做市商之间涉嫌串通报价或私下交换交易策略、做市库存股票数量等信息以谋取不正当利益；

（七）做市商与特定投资者在一段时间内对特定股票进行大量且连续交易；

（八）其他涉嫌违法违规行为。

第一百一十六条 全国股份转让系统公司可根据监管需要，对持续督导券商相关业务活动中的风险管理、技术系统运行、做市义务履行等情况进行监督检查。

第一百一十七条 全国股份转让系统公司可以单独或联合其他有关单位，对异常转让行为等情形进行现场或非现场调查。相关持续督导券商和投资者应当予以配合。

第一百一十九条 对第一百一十二条、第一百一十三条、第一百一十四条、第一百一十五条所述重点监控事项中情节严重的行为，全国股份转让系统公司可以视情况采取以下措施：

（一）约见谈话；

（二）要求提交书面承诺；

（三）出具警示函；

（四）限制证券账户转让；

（五）向中国证监会报告有关违法违规行为；

（六）其他自律监管措施。

第一百二十条 转让参与人及相关业务人员违反本细则的，全国股份转让系统公司可根据《业务规则》及全国股份转让系统其他相关业务规定，对其进行纪律处分，并记入诚信档案。

(六) 部分挂牌企业操纵市场案例统计

表2 部分挂牌企业操纵市场案例统计

处罚或监管措施时间	公司证券名称	监管对象名称	监管对象类别	监管措施	违规行为类别	出具处罚或监管措施的机构
2015/11/9	恒博科技	中原证券	主办券商	约谈	未按规定暂停转让	股转公司
2015/11/9	达仁资管	达仁资管	挂牌企业	约谈	未按规定暂停转让	股转公司
2015/11/10	达仁资管	兴业证券	主办券商	约谈	未尽勤勉义务	股转公司
2015/10/8	国贸酝领	陈宏庆	做市商	没收违法所得,罚款	操纵市场	证监会
2015/12/30	中海阳	薛黎明	做市商	没收违法所得,罚款	操纵市场	证监会
2015/12/3	华恒生物等18家公司	冼锦军	投资者	没收违法所得,罚款	操纵市场	证监会

资料来源:证监会,股转公司

第四章

违法违规减持

(一) 违法违规减持的释义

企业在新三板挂牌后,无论是企业的发起人、实际控制人、董监高、持有公司股份的核心员工还是其他中小股东,或多或少都面临着账面财富转化为实际资产的现实问题。因此,挂牌企业大股东减持规定也成为重要的关注点之一,股东可以减持股份,但应当遵守一定的规章制度。挂牌企业股东违反相关法律法规减持股份的行为,则构成了违法违规减持,通常具有以下特点:①减持行为的主体为挂牌企业控股股东、实际控制人及其一致行动人、董监高及其他股东;②减持行为的客体为限售股;③减持行为发生时,所减持股份处于限制转让期限内或所减持的股份数超出相关规定。

(二) 违法违规减持的惯用手法

1. 超比例减持

超比例减持是指持股人在一段时间内累计减持股份数超过法定比例,或减持股份达到法定比例而未依法披露,且继续进行减持的行为。

超比例减持可分为两类,一类是单纯的超比例减持,即持股人减持股份数超过法定比例。《公司法》第一百四十一条规定的"公司董事、监事、高级管理人员应当向公司申报所持有的本公司的股份及其变动情况,在任职期间每年转让的股份不得超过其所持有本公司股份总数的25%……"即为此类情形。另一类是超比例减持未披露且在一定期限继续减持,即减持股份达到法定比例而未依法披露,且减持行为在一定期限继续进行的行为。《非上市公众公司收购管理办法》第十三条规定的"投资者及一致行动人拥有权益的股份达到公众公司已发行股份的10%以后,其拥有权益的股份占公司已发行股份的比例每增加或者减少5%(即其拥有权益的股份每达到5%的整数倍时)……自该事实发生之日起至披露后2日内,不得再行买卖该公众公司的股票"即为此类情形。

2. 限制转让期限内减持

根据《证券法》第三十八条规定,限制转让期限内减持是指"依法发行的股票、公司债券及其他证券,法律对其转让期限有限制性规定的,持股人在限定的期限内减持股份的行为"。相关法律法规对不同持股人所持股份转让期限的限制性规定不同,如《公司法》第一百四十二条规定:"公司董事、监事、高级管理人员……上述人员离职半年内,不得转让其所持有的本公司股份。公司章程可以对公司董事、监事、高级管理人员转让其所持有的本公司股份作出其他限制性规定"。另外,《非上市公众公司收购管理办法》第十三条也规定:"投资者及其一致行动人拥有权益的股份达到公众公司已发行股份的10%后,其拥有权益的股份占该公众公司已发行股份的比例每增加或者减少5%(即其拥有权益的股份每达到5%的整数倍时),应当依照前款规定进行披露。自该事实发生之日起至披露后2日内,不得再行买卖该公众公司的股票。"

3. 窗口期减持

任何重大信息披露前后都是窗口期,掌握重大信息的持股人在窗口期内减持所持股份的行为即为窗口期减持。《证券法》第七十六条规定的"证券交易内幕信息的知情人和非法获取内幕信息的人,在内幕信息公开前,不得买卖该公司的证券"即属于对窗口期转让证券的限制性规定。证监会对挂牌企业的窗口期也进行了规定:①定期报告公告前30日内,因特殊原因推迟公告日期的,自原预约公告日前30日起至最终公告日;②业绩预告、业绩快报公告前10日内;③可能对公司股票及其衍生品价格产生较大影响的重大事件发生之日或进入决策程序之日,至依法披露后2个交易日内;④证券交易所认定的其他期间。[①]

4. 短线交易

短线交易是指上市公司的董监高人员及大股东,在法定期间内,对公司上市股票买入后再行卖出或卖出后再行买入,以谋取不正当利益的行为。《证券法》第四十七条规定"上市公司董事、监事、高级管理人员、持有上市公司股份5%以上的股东,将其持有的该公司的股票在买入后六个月内卖出,或者在卖出后六个月内又买入,由此所得收益归该公司所有,公司董事会应当收回其所得收益"即属于对短线交易行为的规定。新三板市场同样适用以上条文。

5. 违反承诺减持

违反承诺减持是指持股人违反其股份转让承诺而减持其所持股份的行为。根据《股转公司股票发行业务细则(试行)》相关规定,发行对象承诺对其认购股票进行转让限制的,应当遵守其承诺,并予以披露。股东对股份减持作出公开承诺的,应当严格遵守。挂牌企业股东承诺对其认购股票进行转让限制的,应当遵守其承诺,并予以披露。

---

① 窗口期的规定来自《上市公司董事、监事和高级管理人员所持本公司股份及其变动管理规则》第十三条,是中国证监会对上市公司董事、监事和高级管理人员买卖本公司股票的窗口期禁止交易规定。新三板市场的证券交易的窗口期也可参照此规定。

（三）案例 9：I 公司多次减持未披露

1. 案情介绍

I 公司成立于 2006 年 1 月，主营业务为加工和销售电线、电缆等产品。2014 年 1 月，I 公司在新三板市场正式挂牌，现注册资本为 2,250 万元。

(1) I 公司股本结构

2015 年年初，I 公司限售股与无限售股股本分别 8,250,000 和 2,750,000 股份（见表 3）。经过减持，截至 2015 年年底，柳某、汪某夫妇合计持有公司股份 1,416.7 万股，占公司总股份 62.96%（见表 4），为股份有限公司控股股东、实际控制人。

表 3　I 公司限售股与无限售股股本结构（截至 2015 年年底）

股份性质		期初		本期变动	期末	
		数量	比例		数量	比例
无限售股份	无限售股份总数	2,750,000	25.00%	601,500	3,351,500	14.90%
	其中：控股股东、实际控制人	1,947,000	17.70%	1,513,500	433,500	1.93%
	其他人员	803,000	7.3%	2,115,000	2,918,000	12.97%
有限售股份	有限售股份总数	8,250,000	75%	10,898,500	19,148,500	85.11%
	其中：控股股东、实际控制人	8,250,000	75%	5,483,500	13,733,500	61.04%
	董事、监事、高管	0	0.00%	4,220,000	4,220,000	18.76%
	核心员工	0	0.00%	790,000	790,000	3.52%
总股本		11,000,000	—	11,500,000	22,500,000	—
普通股股东人数		105				

资料来源：I 公司 2015 年度报告

表4 I公司前五大股东情况(截至2015年年底)

序号	股东名称	期初持股数	持股变动	期末持股数	期末持股比例	期末持有限售股份数量	期末持有无限售股份数量
1	柳某	6,489,000	3,742,000	10,231,000	45.47%	9,797,500	433,500
2	汪某	3,708,000	228,000	3,936,000	17.49%	3,936,000	0
3	徐某	0	1,300,000	1,300,000	5.78%	1,300,000	0
4	机构账户	0	967,000	967,000	4.30%	0	967,000
5	赖某	0	810,000	810,000	3.60%	810,000	0
合计		10,197,000	7,047,000	17,244,000	76.64%	15,843,500	1,400,500

前五名股东间相互关系说明：柳某、汪某为夫妻关系。

资料来源：I公司2015年年度报告

(2)《公司章程》对股东所持股份的限售情况规定

I公司《公司章程》对股东所持股份的限制性规定如下：

《公司章程》第二十七条规定："发起人持有的公司股份，自公司成立之日起一年内不得转让。公司公开发行股份前已发行的股份，自公司股票在证券交易所上市交易之日起一年内不得转让。"

《公司章程》第二十八条规定："公司董事、监事、高级管理人员应当向公司申报所持有的本公司的股份及变动情况，在任职期间每年转让的股份不得超过其所持有本公司股份总数的25%；所持本公司股份自公司股票上市交易之日起一年内不得转让。上述人员离职后半年内，不得转让其所持有的本公司股份。"

(3) 违法违规行为概述

该案件始于2014年12月，于2015年11月审理终结。根据相关资料显示，截至2014年12月29日，I公司发生违法违规减持前，柳某持有公司股份6,619,000股，占公司总股本的60.17%，汪某持有公司股份4,188,000股，占公司总股本的38.07%，二人合计持有I公司98.24%的股份。① 并且,柳某、汪某二人为夫妻关系。

2015年4月30日,股转公司发公告称:因多次未履行《非上市公众公司收购管理办法》第13条规定的暂停交易义务,根据《股转公司股票转让细则(试行)》第119条规定,股转公司决定对"I公司"董事长(第一大股东)柳某采取限制证券账户交易(1个月),并向证监会报告有关违法违规行为的监管措施。②

针对股转公司对I公司第一大股东柳某违法违规减持行为采取的监管措施,I公司于2015年5月4日对此进行了公告说明,柳某也表示,虚心接受股转公司的监管教育。③

I公司2015年5月18日发公告称,公司于2015年5月15日收到证监会的《调查通知书》,该通知书内容表明,因柳某涉嫌违法违规交易I公司股票,根据《中华人民共和国证券法》的有关规定,证监会决定对柳某予以立案调查。④ 同时,作为I公司实际控制人柳某一致行动人的汪某也收到了证监会的《调查通知书》。⑤

2015年11月26日,I公司发布公告称,公司实际控制人柳某、汪某于2015年11月25日收到证监会的《行政处罚决定书》,该处罚决定书内容表明,证监会对柳某、汪某在减持I公司股份时未按规定披露信息和限制期限内买卖股票的行为进行了立案调查和审理,当事人柳某和汪某未提出陈述、申辩意见,也未要求听证。⑥

---

① I公司权益变动报告书,公告编号:2015-100,网址:http://www.neeq.com.cn/disclosure/announcement.html.
② 股转公司通知公告:股转公司对违反《非上市公众公司收购管理办法》规定的投资者采取限制证券账户交易等措施,2015-04-30,网址:http://www.neeq.com.cn/notice/200001015.html.
③ 关于股转公司对"I公司"第一大股东采取监管措施的说明公告,公告编号:2015-053,网址:http://www.neeq.com.cn/disclosure/announcement.html.
④ 关于公司股东收到中国证券监督管理委员会调查通知书的说明,公告编号:2015-059,网址:http://www.neeq.com.cn/disclosure/announcement.html.
⑤ I公司关于公司股东收到中国证券监督管理委员会调查通知书的说明,公告编号:2015-060,网址:http://www.neeq.com.cn/disclosure/announcement.html.
⑥ I公司关于实际控制人收到中国证券监督管理委员会行政处罚决定书的公告,公告编号:2015-101,网址:http://www.neeq.com.cn/disclosure/announcement.html.

根据 I 公司第一大股东柳某本人的公告说明，I 公司违法违规减持案件发生期间，柳某及其一致行动人共计发生三次未履行暂停交易义务的行为。① 具体如下：

第一次为 2014 年 12 月 30 日，柳某通过协议转让方式卖出 I 公司股票，持股比例由 60.17% 下降至 58.99%，柳某于 2014 年 12 月 31 日披露权益变动公告。因 2015 年 1 月 1 日至 4 日休市，柳某应在 1 月 5 日及 6 日两个转让日内暂停交易 I 公司股票。但柳某于 2015 年 1 月 5 日以 5.5 元/股的价格卖出 I 公司股票 1.4 万股。

第二次及第三次系为做市商提供做市股票，2015 年 3 月 10 日柳某通过协议转让方式卖出 I 公司股票，持股比例由 58.86% 下降至 49.77%。按规定柳某应于 2 日内（即 2015 年 3 月 12 日前）披露权益变动公告，实际披露权益变动公告的时间为 2015 年 3 月 24 日；2015 年 3 月 23 日及 2015 年 3 月 24 日以 4.3 元/股价格卖出 I 公司股票 17.3 万股。

根据证监会公布的消息②，2015 年 3 月至 4 月期间，柳某、汪某在减持 I 公司股票过程中，多次未按规定进行信息披露，在触发披露义务时未停止卖出股份；两人违法减持 1,808,000 股，违法减持金额 8,138,100 元。③ 公司实际控制人及一致行动人分别于 2014 年 12 月 30 日、2014 年 12 月 31 日、2015 年 3 月 10 日、2015 年 3 月 17 日和 2015 年 3 月 23 日等时点权益变动达到了 5% 整数倍（见表 5）。

2014 年 12 月 30 日股权转让完成后，公司实际控制人汪某持有公司股份 4,188,000 股，占公司总股本的 38.07%；柳某持有公司股份 6,489,000 股，占公司总股本的 58.99%。二人作为共同控制人持股占公司总股本的 97.06%，仍为公司共同实际控制人。

---

① I 公司关于股转公司对"I 公司"第一大股东采取监管措施的说明公告，公告编号：2015-053，网址：http://www.neeq.com.cn/disclosure/announcement.html。
② I 公司关于收到行政处罚事先告知书的公告，公告编号：2015-099，网址：http://www.neeq.com.cn/disclosure/announcement.html。
③ 中国证监会稽查局案情发布：《证监会首次对 6 宗涉新三板违法违规案件履行行政处罚事先告知程序》，中国证监会 www.csrc.gov.cn，2015 年 11 月 06 日。

表 5　I 公司实际控制人及一致行动人股份转让情况

信息披露义务人	转让前情况		转让数量（股）	权益变动达到5%整数倍的日期	转让后情况	
	持股数量（股）	持股比例			持股数量（股）	持股比例
柳某	6,619,000	60.17%	130,000	2014年12月30日	6,489,000	58.99%
汪某	4,188,000	38.07%	0		4,188,000	38.07%
柳某	6,489,000	58.99%	0	2014年12月31日	6,489,000	58.99%
汪某	4,188,000	38.07%	480,000		3,708,000	33.71%
柳某	6,475,000	58.86%	1,000,000	2015年3月10日	5,475,000	49.77%
汪某	3,708,000	33.71%	0		3,708,000	33.71%
柳某	5,475,000	49.77%	0	2015年3月17日	5,475,000	49.77%
汪某	3,708,000	33.71%	600,000		3,108,000	28.25%
柳某	5,475,000	49.77%	113,000	2015年3月23日	5,362,000	48.74%
汪某	3,108,000	38.07%	327,000		2,781,000	25.28%

注：权益变动期间，交易各方不存在关联关系。

资料来源：I 公司临时公告

2014 年 12 月 31 日股权转让完成后，公司实际控制人汪某持有公司股份 3,708,000 股，占公司总股本的 33.71%；柳某持有公司股份 6,489,000 股，占公司总股本的 58.99%。二人作为共同控制人持股占公司总股本的 92.70%，仍为公司共同实际控制人。

2015 年 3 月 10 日股权转让完成后，公司实际控制人汪某持有公司股份 3,708,000 股，占公司总股本的 33.71%；柳某持有公司股份 5,475,000 股，占公司总股本的 49.77%。二人作为共同控制人持股占公司总股本的 83.48%，仍为公司共同实际控制人。

2015 年 3 月 17 日股权转让完成后，公司实际控制人汪某持有公司股份 3,108,000 股，占公司总股本的 28.25%；柳某持有公司股份

5,475,000 股,占公司总股本的 49.77%。二人作为共同控制人持股占公司总股本的 78.02%,仍为公司共同实际控制人。

2015 年 3 月 23 日股权转让完成后,公司实际控制人汪某持有公司股份 2,781,000 股,占公司总股本的 25.28%;柳某持有公司股份 5,362,000 股,占公司总股本的 48.74%。二人作为共同控制人持股占公司总股本的 74.02%,仍为公司共同实际控制人。

截至 2015 年 11 月 10 日,公司实际控制人汪某持有公司股份 2,781,000 股,占公司总股本的 12.36%;柳某持有公司股份 10,231,000 股,占公司总股本的 45.47%。二人作为共同控制人持股占公司总股本的 57.83%,仍为公司共同实际控制人。(注:按 22,500,000 股总股本计算)

对于公司大股东的违法违规减持行为,I 公司在公告中称,柳某的第一次违法违规交易未能及时披露权益变动公告,主要是因为公司管理层及董事会秘书对股转公司业务规则不熟悉和自我监控滞后导致;第二次及第三次违法违规交易是因为公司大股东对做市商转让股票造成。[1]

I 公司表示,三次违法违规的主要原因是由于公司股东及管理层对业务规则不熟悉而致,未来公司将加强内部监控,相关责任人将加强自我学习。[2] 证监会表示,I 公司大股东违法减持案是其处理的第一起新三板违法违规减持案件[3]。

2. 违法违规处罚或监管措施

《非上市公众公司收购管理办法》第十三条规定,投资者及一致行动人拥有权益的股份达到公众公司已发行股份的 10% 以后,其拥有权益的

---

[1] I 公司关于股转公司对"I 公司"第一大股东采取监管措施的说明公告,公告编号:2015-053,网址:http://www.neeq.com.cn/disclosure/announcement.html.

[2] I 公司关于股转公司对"I 公司"第一大股东采取监管措施的说明公告,公告编号:2015-053,网址:http://www.neeq.com.cn/disclosure/announcement.html.

[3] 中国证监会稽查局案情发布:《证监会首次对 6 宗涉新三板违法违规案件履行行政处罚事先告知程序》,中国证监会 www.csrc.gov.cn,2015 年 11 月 06 日.

股份占公司已发行股份的比例每增加或者减少5%（即其拥有权益的股份每达到5%的整数倍时），应当依照规定在该事实发生之日起2日内编制并披露权益变动报告书。自该事实发生之日起至披露后2日内，不得再行买卖该公众公司的股票。

根据《证券法》《业务规则》以及其他相关法律法规的规定，股转公司对I公司案件相关责任人的处罚如下①：柳某、汪某作为公司控股股东、实际控制人，因多次未履行《非上市公众公司收购管理办法》第13条规定的暂停交易义务，且在股转公司对其电话提醒、要求提交书面承诺的自律监管措施后仍然进行交易，继续未履行暂停交易义务，主观故意明显；根据《股转公司股票转让细则（试行）》第119条规定，股转公司决定对I公司董事长（第一大股东）柳某采取限制证券账户交易1个月，并向证监会报告有关违法违规行为的监管措施。

此外，依据《证券法》有关规定，证监会对柳某、汪某在减持公司股份时未按规定披露信息和限制期限内买卖股票的行为也进行了立案调查和审理，并做出了行政处罚②：柳某、汪某的超比例减持未披露行为，违反了《非上市公众公司收购管理办法》第十三条第二款的规定；根据当事人违法行为的事实、性质、情节与社会危害程度，依据《国务院关于股转公司有关问题的决定》第五条和《非上市公众公司收购管理办法》第三十七条，比照《证券法》第一百九十三条第二款和第二百零四条的规定，证监会决定：①责令柳某、汪某改正违法行为，在收到行政处罚决定书之日起3日内对超比例减持情况进行报告和公告；②对柳某、汪某超比例减持未披露行为予以警告；③对柳某超比例减持未披露行为处以二十万元罚款，对柳某限制期限内减持股票的行为处以三十万元罚款，对柳某合计罚款五十万元；对汪某超比例减持未披露行为处以二十万元罚款，对汪

---

① 中国证监会通知公告：《股转公司对违反〈非上市公众公司收购管理办法〉规定的投资者采取限制证券账户交易等措施》，2015-04-30。
② I公司关于实际控制人收到中国证券监督管理委员会行政处罚决定书的公告，公告编号：2015-101，网址：http://www.neeq.com.cn/disclosure/announcement.html。

某限制期限内减持股票的行为处以五十万元罚款,对汪某合计罚款七十万元。

附:对挂牌企业及负责人的监管措施文件

《全国股转公司对违反〈非上市公众公司收购管理办法〉规定的投资者采取限制证券账户交易等措施》

因多次违反《非上市公众公司收购管理办法》第13条规定的暂停交易义务,根据《全国中小企业股份转让系统股票转让细则(试行)》第119条规定,全国股转公司决定对I公司董事长(第一大股东)柳某采取限制证券账户交易(1个月),并向中国证监会报告有关违法违规行为的监管措施。

全国股转公司一直对市场交易行为进行密切监控。近期,全国股转公司注意到部分挂牌公司持股10%以上的投资者在买卖挂牌股票过程中,有违反《非上市公众公司收购管理办法》规定的暂停交易义务的情形。对此,全国股转公司积极采取电话问询了解情况、要求相关投资者提交合规交易承诺等措施,并要求相关主办券商加强投资者教育,确保市场正常交易秩序。绝大多数投资者均已按照全国股转公司要求履行了暂停交易的义务。但I公司董事长柳某多次违反《非上市公众公司收购管理办法》规定的暂停交易义务,且在全国股转公司对其电话提醒、采取要求提交书面承诺的自律监管措施后仍然进行交易,继续违反暂停交易义务,主观故意明显,因此全国股转公司对其采取了限制证券账户交易并向中国证监会报告有关违法违规行为的监管措施。

全国股转公司提醒各市场参与人应认真学习、了解、熟知市场规则,主办券商应切实履行投资者教育服务工作,合规参与市场交易,共同维护好市场秩序。全国股转公司再次重申对违法违规的交易行为的态度,即坚持"零容忍",坚决处理、绝不手软。

股转公司
2015年4月30日

3. 案例分析

(1) 本案违法违规减持原因

本案中，I 公司实际控制人违法违规减持行为的发生，主要有以下几点原因：一是公司股东及管理层对业务规则不熟悉，自我学习和内部监控不足。公司及当事人自身没有重视对新三板交易规则的了解和学习，法律意识淡薄，对自身违法交易行为不够重视，导致公司多次收到股转公司对其电话提醒和采取自律监管措施后仍未履行暂停交易义务；二是挂牌企业与做市商之间缺乏有效沟通，导致公司频频触发违法违规交易；三是持续督导券商缺乏对公司股东的有效培训和指导，在事前审查时未能发现挂牌企业信息披露存在重大遗漏，未能勤勉尽责，未能督导挂牌企业履行暂停交易义务；四是新三板市场对违法违规减持的惩罚力度过小，缺乏严厉惩罚措施，违法违规成本较低，导致公司和当事人对其违法违规行为不重视，在股转公司对其电话提醒、要求提交书面承诺的自律监管措施后仍然进行交易，继续未履行暂停交易义务，主观恶性较高，存在明知故犯情形；五是监管机构对挂牌企业违法违规行为的管控手段落后，在发现当事人违法违规行为之后，无法有效制止后续违法违规行为的发生。

(2) 违法违规减持手段多样

本案中，股东违法违规减持的手法十分多样：在第一次交易中表现为涉及限制期限内减持。柳某于 2014 年 12 月 31 日披露权益变动公告后两个转让日内仍然减持属于限制期内减持。在第二次和第三次交易中，则表现为超比例减持未披露和限制期限内减持。首先股权减持比例超过 5%，而未在规定的两个转让日内披露信息属于超比例减持；其次，柳某在披露权益变动公告当天和前一转让日分别予以减持，属于限制期内减持。

(3) 对违法违规减持的处罚较轻

在股转公司对其违法违规行为进行电话提醒、要求提交书面承诺的自律监管措施后，I 公司仍然进行交易，继续未履行暂停交易义务。因此，股转公司对其采取了自律监管措施，证监会也根据其情节采取了责令改正、警告和罚款的处罚措施。

股转公司和证监会对本案中当事人的违法违规减持行为的监管和处罚是根据相关的法律法规进行裁定的。但从本案当事人涉及的违法违规减持行为的次数以及总额来说，对当事人的处罚（包括限制证券账户交易和罚款）程度轻，责任人违法违规成本低廉。按照相关法律法规的规定，对于违法违规减持行为的处罚，多是诸如"责令改正、采取监管谈话、出具警示函、责令暂停交易""责令改正、给予警告、处以 30 万元以上 60 万元以下的罚款"等处罚，相对于违法违规减持所获巨大收益来说，这些处罚程度偏轻，很难有威慑力。

4. 案例启示

(1) 挂牌企业应完善内控机制

I 公司案件反映了公司实际控制人及其一致行动人合法交易意识薄弱，公司内部管控机制不成熟，对外部信息反馈机制不健全，对股份违法违规交易行为不能及时发现并制止，在收到股转公司提醒后不能有效反馈信息并改正违法违规行为，以致出现多次违法违规减持行为。

对新三板挂牌企业来说，一是公司应加强内部监管，建立健全公司内部管控机制，加强对大股东、董监高等人员的交易行为管理，对相关人员交易行为进行实时监控，尤其要避免公司大股东违法违规减持行为的发生；二是加强信息披露和反馈机制的建设，完善组织结构，优化人员安排，及时披露股份减持信息，有效应对市场、监管部门对公司股份转让行为的反馈信息，杜绝公司违法违规行为的产生。

(2) 持续督导券商应监督和关注挂牌企业的减持行为

持续督导券商等中介机构要勤勉尽责、诚实守信，严格履行法定职责，遵守法律法规和行业规范，对出具文件的真实性、准确性、完整性负责。持续督导券商应当主动指导和督促所推荐挂牌企业规范履行信息披露义务,对其信息披露文件及时进行事前审查,督促挂牌企业及时披露减持信息。一旦发现拟披露的信息或已披露信息存在任何错误、遗漏或者误导的、应当披露而未披露事项的,持续督导券商应当要求挂牌企业进行更正或补充。挂牌企业拒不更正或补充的,持续督导券商应当在两个转让日内发布风险揭示公告并向股转公司报告。

(3) 强化对违法违规减持行为的监管

从制度层面来说,应完善相关的法律制度,加大监管力度,完善监管手段。明确新三板挂牌企业股东(包括实际控制人及一致行动人)的违法违规减持责任和赔偿责任,加大处罚力度,严厉打击违法违规减持的套利行为。

从监管层面来说,股转公司和证监会应加大对违法违规减持行为的处罚力度,按情节轻重和对市场的影响程度,明确惩处标准,增加自律监管措施的多样性。对于主观恶性较高、明知故犯的违法违规行为,应加大惩处力度。对违法违规减持责任人的行为处罚不仅限于声誉罚,还应加大财产罚的力度。

(四) 案例 10:J 公司高管超比例减持

1. 案情介绍

J 公司成立于 2002 年 8 月,主营业务为轨道信号智能电源、电力操作电源、应急电源等相关产品生产和销售。2014 年 5 月,J 公司在新三板市场正式挂牌,现注册资本为 6,982.8 万元。

(1) J 公司股本结构

2015 年年初,J 公司限售股与无限售股股本分别 25,641,450 和 23,218,550 股份(见表 6),J 公司的控股股东、实际控制人为匡某。匡某直接持有公司 27,789,800 股股份,占公司总股本 48.39%(见表 7)。

表6　J公司限售股与无限售股股本结构(截至2015年年底)

股份性质		期初		本期变动	期末	
		数量	比例		数量	比例
无限售条件股份	无限售股份总数	23,218,550	47.52%	7,979,750	31,198,300	54.31%
	其中:控股股东、实际控制人	3,684,200	7.54%	—	3,684,200	6.41%
	董事、监事、高管	1,296,950	2.65%	−840,750	456,200	0.79%
	核心员工	701,000	1.43%	261,000	962,000	1.67%
有限售条件股份	有限售股份总数	25,641,450	52.48%	590,250	26,231,700	45.67%
	其中:控股股东、实际控制人	24,105,600	49.34%	—	24,105,600	41.97%
	董事、监事、高管	1,535,850	3.14%	590,250	2,126,100	3.70%
普通股总股本数		48,860,000	—	8,580,500	57,440,500	—
普通股股东人数		173				

资料来源:J公司2015年度报告

表7　J公司前五大股东持股情况(截至2015年年底)

序号	股东名称	期初持股数	持股变动	期末持股数	期末持股比例	期末持有限售股份数量	期末持有无限售股份数量
1	匡某	27,789,800	0	27,789,800	48.39%	24,105,600	3,684,200
2	投资公司1	5,303,700	0	5,303,700	9.24%	—	5,303,700
3	投资公司2	4,453,700	400,000	4,853,700	8.45%	—	4,853,700

续表

序号	股东名称	期初持股数	持股变动	期末持股数	期末持股比例	期末持有限售股份数量	期末持有无限售股份数量
4	机构1	5,225,000	−605,000	4,620,000	8.04%	—	4,620,000
5	机构2	0	2,000,000	2,000,000	3.48%	—	2,000,000
合计		42,772,200	1,795,000	44,567,200	77.60%	24,105,600	20,461,600

前五名股东间相互关系说明:
截止报告期末,公司前五大股东之间不存在关联关系。

资料来源:J公司2015年年度报告

(2)违法违规行为概述

张某、杨某为J公司的高级管理人员,在2015年1月至6月期间,均累计减持股份超过所持有公司股份总数的25%,构成违法违规减持。其中,张某自2015年1月1日至2015年6月30日转让的股份数累计为97,000股,转让比例为其所持有本公司股份总数的46.6%(见表8),已超过其所持有公司股份总数的25%,构成违法违规减持。杨某自2015年1月1日至2015年6月30日转让的股份累计为102,000股,转让比例为其所持有本公司股份总数的47.9%,已超过其所持有公司股份总数的25%,构成违法违规减持。

根据J公司2015年半年度报告显示,上半年J公司董监高股份转让情况如下(见表8):

表8 J公司2015年上半年董监高股份转让情况

姓名	职务	期初持普通股股数(股)	转让数量(股)	转让数量占其期初持股股数的比例	期末持普通股股数(股)	期末普通股持股比例
匡某	董事长总经理	27,789,800	0	0	27,789,800	56.88%
李某	董事副总经理	1,927,800	170,000	8.82%	2,097,800	3.59%

续表

姓名	职务	期初持普通股股数（股）	转让数量（股）	转让数量占其期初持股股数的比例	期末持普通股股数（股）	期末普通股持股比例
李某峰	董事副总经理	220,000	0	0	220,000	0.45%
张某	副总经理	208,000	97,000	46.63%	305,000	0.22%
杨某	总工程师	213,000	102,000	47.89%	315,000	0.22%
李某涛	董事会秘书	210,000	0	0	210,000	0.42%
李某渊	财务总监	9,000	0	0	9,000	0.02%
王某	副总经理	6,000	0	0	6,000	0.01%
李某强	监事	35,000	3,000	8.57%	38,000	0.07%
孟某林	监事	10,000	0	0	10,000	0.02%
合计		30,628,600	372,000	—	31,000,600	61.90%

资料来源：J公司2015年半年度报告

2. 违法违规处罚或监管措施

2015年，J公司因其高级管理人员杨某、张某存在违法违规减持情形，为严肃市场纪律，保护投资者权益，股转公司决定对杨某、张某采取提交书面承诺的自律监管措施。

3. 案例分析

（1）本案违法违规减持原因

J公司高级管理人员违法违规减持行为发生的主要原因包括：一是J公司和当事人对新三板的交易规则不够熟悉，对相关法律法规不够重视，导致出现了高管超比例减持的违法行为；二是持续督导券商未能及时履行督导义务，未能及时提醒公司高管有关减持比例的相关事宜；三是监管机构的监管存在漏洞,在当事人违法违规减持后未能及时监管。

(2) 限制挂牌企业高管在职期间超比例违法违规减持

相对于大股东减持行为来说,挂牌企业高级管理人员违法违规减持行为往往比大股东的减持行为更受人关注,因为公司高管直接掌握公司发展的各方面情况,对公司发展业绩、面临的风险、未来的发展方向、行业发展瓶颈等方面更有发言权,他们的减持选择直接关系到切身利益。公司高级管理人员违法违规减持或恶意减持公司股份的行为,无疑是在向市场释放一类信号,即公司发展前景不佳,缺乏投资价值,或存在巨大风险等,这样容易引起投资者对公司信心崩溃,抛售公司股份的连锁反应,损害公司利益。单个公司高管的违法违规减持行为还会引发示范效应,引起其他公司高管竞相效仿,所以监管层应严格限制该违法行为。

4. 案例启示

(1) 加强对挂牌企业董监高等核心人员内部监管和培训

对公司董监高等人员应加强内部监管,及时披露公司大股东及董监高的交易行为,接受市场各方监督;挂牌企业董监高等公司核心人员,应及时主动向公司预先报告其减持行为,接受监督,避免出现违法违规行为;挂牌企业董监高等公司核心人员在计划减持股份时,应咨询相关专业人士,确保其减持的股份符合相关法律法规要求,减少或消除减持行为存在的潜在的法律风险;对董监高等履职人员进行岗前职业资格培训和诚信教育,定期或不定期考核;相关业务人员应当认真学习新三板的交易规则和法律法规,避免因交易规则不熟悉而导致的违法违规减持行为。

(2) 强化持续督导券商的勤勉尽责义务

对持续督导券商来说,应加强对挂牌企业的督导义务,及时指导和督促挂牌企业规范信息披露流程,对其信息披露文件进行事前审查,动态监督挂牌企业的交易行为,及时同挂牌企业沟通。一旦发现异常交易行为,持续督导券商应及时要求挂牌企业进行更正或补充;挂牌企业拒不更正或补充的,持续督导券商应当在两个转让日内发布风险揭示公告,并向全国股份转让系统公司报告。①

(3) 进一步完善对违法违规减持行为的监管

监管机构应强化诚信体系建设。证监会、股转公司以及各地证监局应加强对挂牌企业董监高等人员的任职资格审查,制定董监高等高级管理人员的行为准则,对违背行为准则或被证券监管机构认定为不合格当选挂牌企业董事人员的,要责成挂牌企业及时按照法定程序予以撤换。有过恶意减持行为的高管,应当有条件禁止其担任其他公司高管。建立挂牌企业董监高等人员的诚信档案,对其经营表现尤其是涉及诚信、忠实义务之履行的行为表现进行录入留存,使诚信监督不仅停留在纸面上,更要具有操作性。②

股转公司发现违法违规减持行为后,在严肃处理违法违规行为、提高监管威慑力的同时,应不断加强制度机制建设,构建综合监管体系:一是发挥非上市公众公司监管机制的合力,强化与证监会相关部门、派出机构的信息共享和监管配合联动,建立向证监会稽查局案件移送的工作机制,提高监管的系统性和协同性;二是强化日常监管和技术支持等基础性工作,以大数据监管为切入点,不断提高对违法违规行为的及时发现、及时跟踪、及时处理能力;三是建立常态化、市场化退出机制,强化市场风险控制能力。监管机构应力争做到有异动必有反应、有违规必有查处;各方主体应共同维护市场秩序,共同尊重规则、遵守规则、敬畏规则。③

(五) 案例 11:K 公司高管限售期内减持

1. 案情介绍

K 公司成立于 2009 年 1 月,主营业务为高分子材料及其相关产品的

---

① 参考资料:股转公司挂牌企业信息披露细则(试行)(自 2013 年 2 月 8 日起施行)。
② 参考资料:中国证监会公告〔2015〕13 号《关于加强非上市公众公司监管工作的指导意见》,2015-05-15。
③ 股转公司通知公告:以强有力的市场监管护航新三板. http://www.neeq.com.cn/notice/2802.html,2016-01-27

生产和销售。2014年6月,K公司在新三板市场正式挂牌,现注册资本为14,792万元。

(1) K公司股本结构

2015年年初,K公司限售股与非限售股股本分别为60,502,500和84,117,500股(见表9),K公司的公司控股股东李某,直接持有公司4,105万股股份,占公司总股本27.75%(见表10)。

表9 K公司限售股与无限售股股本结构(截至2015年年底)

股份性质		本年期初		本年变动	本年期末	
		数量(股)	比例(%)		数量(股)	比例(%)
无限售条件股份	控股股东、实际控制人	18,762,500	12.97	—	18,762,500	12.68
	董事、监事、高管	1,405,000	0.97	52,500	1,457,500	0.96
	核心员工	900,000	0.62	37,000	863,000	0.58
	其他	63,050,000	43.60	2,797,000	65,847,000	44.52
	无限售股份总数	84,117,500	58.16	2,812,500	86,930,000	58.74
有限售条件股份	控股股东、实际控制人	56,287,500	38.93	—	56,287,500	38.07
	董事、监事、高管	4,215,000	2.91	487,500	4,702,500	3.19
	核心员工	—	—	—	—	—
	其他	—	—	—	—	—
	限售股份总数	60,502,500	41.84	487,500	60,990,000	41.26
总股本		144,620,000	100.00	3,337,000	147,920,00	100.00
普通股股东人数		69		48	117	

资料来源:K公司2015年度报告

表 10　K 公司股本结构(截至 2015 年年底)

序号	股东名称	本年期初持股数(万股)	持股变动(万股)	本年期末持股数(万股)	本年期末持股比例(%)	本年期末持有限售股份数量(万股)	本年期末持有无限售股份数量(万股)
1	李某	4,105.00	—	4,105.00	27.75	3,078.75	1,026.25
2	投资公司 1	2,700.00	—	2,700.00	18.25	2,025.00	675.00
3	机构 1	1,400.00	—	1,400.00	9.46	—	1,400.00
4	贸易公司 1	645.00	23.30	621.70	4.20	—	621.70
5	贸易公司 2	500.00	—	500.00	3.38	375.00	125.00
合计		9,350	23.3	9,326.7	63.04	5,478.75	3,847.95

资料来源:K 公司 2015 年度报告

(2) 案情概况

杨某为 K 公司的原监事,2015 年 9 月 8 日杨某向 K 公司提交监事辞职报告,离职前持有 K 公司 10 万股,占公司股本的 0.7%,其中限售 7.5 万股,可流通 2.5 万股。

根据股转公司的公告,杨某离职后,在 K 公司为其持有的可流通股办理限售手续期间,于 2015 年 9 月 23 日至 2015 年 11 月 3 日将所持有的该部分股份全部对外转让。(见表 11、表 12、表 13)

表 11　K 公司高管持股情况(截至 2014 年年底)

持股情况姓名	职务	年初持普通股股数(万股)	数量变动(万股)	年末持普通股股数(万股)	期末普通股持股比例(%)	期末持有股票期权数量
李某	董事长	4,105	—	4,105	28.384,7	4,105
邢宇	总经理、副董事长	55	270	325	2.247,3	325
郭某	副总经理、董事	40	5.2	34.8	0.240,6	34.8

续表

持股情况姓名	职务	年初持普通股股数（万股）	数量变动（万股）	年末持普通股股数（万股）	期末普通股持股比例(%)	期末持有股票期权数量
廖某	董事	30	—	30	0.207,4	30
薛某	董事	10	5	15	0.103,7	15
董某	监事会主席	30	62	92	0.636,1	92
杨某	监事	10		10	0.069,1	10
邹某	财务经理	30	—	30	0.207,4	30
毛某	董事会秘书	20	—	20	0.138,3	20

资料来源:K公司2014年度报告

表12　K公司2015年高管变动情况

信息统计	董事长是否发生变动		否
	总经理是否发生变动		否
	董事会秘书是否发生变动		是
	财务总监是否发生变动		否
姓名	期初职务	变动类型(新任、换届、离任)	期末职务	简要变动原因
毛某	董事会秘书	离任	无	个人原因
崔某	无	新任	董事会秘书	聘任
薛某	董事	离任	无	个人原因
郭某	无	新任	董事	聘任
杨某	监事	离任	无	个人原因
陈某	无	新任	监事	聘任
杨某	监事	离任	无	个人原因
齐某	无	新任	监事	聘任

资料来源:K公司2015年度报告

表 13　K 公司 2015 年高管持股情况

姓名	职务	本年期初持普通股股数（万股）	数量变动（万股）	本年期末持普通股股数（万股）	本年期末普通股持股比例（％）	本年期末持有股票期权数（万股）
李某	董事长	4,105.00	—	4,105.00	27.75	—
邢某	总经理、副董事长	325.00	—	325.00	2.20	—
郭某	副总经理、董事	40.00	5.20	34.80	0.22	—
廖某	董事	30.00	1.00	29.00	0.20	—
郭某	董事	10.00	—	10.00	0.07	—
董某	监事会主席	92.00	1.80	90.20	0.61	—
陈某	监事	—	—	—	—	—
齐某	监事	100.00	—	100.00	0.68	—
邹某	财务经理	30.00	3.00	27.00	0.18	—
崔某	董事会秘书	—	—	—	—	—

资料来源：K 公司 2015 年度报告

截止 2014 年底，杨某作为公司监事，持有公司 10 万股股份，杨某于 2015 年离职后，在公司高管持股情况表中已无其持股情况。

股转公司认为，杨某在离职半年内转让所持有 K 公司股份的行为，违反了《公司法》第一百四十一条、《股转公司业务规则（试行）》第 1.4 条的规定，构成违法违规减持。

2. 违法违规处罚或监管措施

2016 年 5 月，K 公司因其原监事存在违法违规减持情形，收到股转公司的《关于对 K 公司原监事杨某采取自律监管措施的决定》。鉴于违法违规减持事实，根据《业务规则》第 6.1 条的规定，股转公司决定对杨某采取约见谈话和要求提交书面承诺的自律监管措施。

附:对相关责任人的监管措施文件

《关于对K公司原监事杨某采取自律监管措施的决定》

当事人:杨某,男,K公司原监事。

经查,你于2015年9月8日向K公司提交监事辞职报告,离职前持有K公司100,000股,其中限售75,000股,可流通25,000股。在K公司为你持有的可流通股办理限售期间,你在明知相关法律规则的情况下仍于2015年9月23日至11月3日将所持有的该部分股票全部对外转让。

你在离职半年内转让所持有K公司股份的行为,违反了《中华人民共和国公司法》(以下简称《公司法》)第一百四十一条、《股转公司业务规则(试行)》(以下简称《业务规则》)第1.4条的规定。

鉴于以上违规事实,根据《业务规则》第6.1条的规定,我司决定对你采取约见谈话和要求提交书面承诺的自律监管措施。现要求你于2016年5月10日15时携带有效身份证件到我司接受谈话。同时,你应当在收到自律监管措施决定书之日起5个转让日内,向我司提交书面承诺,承诺不再违反我司业务规则的相关规定。今后如再出现违规行为,我司将对你进一步采取自律监管措施或者纪律处分。

股转公司
2016年5月5日

3. 案例分析

(1) 本案违法违规减持原因

K公司离职监事违法违规减持行为发生的主要原因包括:一是当事人的法律意识淡薄,对违法违规减持行为的不良后果估计不足,在明知相关法律规则和公司章程禁止其减持的情形下,仍然违法违规减持;二是公司缺乏对离职高级管理人员股份转让行为的监督,未能及时发现违法违规减持行为。

(2) 限制离职董监高减持的理由

《公司法》规定公司董事、监事、高级管理人员离职后半年内,不得转让其所持有的本公司股份,主要是基于以下两点:①避免董监高离职人员离职之前虚假做大公司市值,不当得利;②避免因董监高离职人员掌握了公司大量私人信息,短期卖出持有挂牌企业股票对股价造成较大负面冲击。

4. 案例启示

(1) 加强对离职高管减持行为的管控

挂牌企业应加强对离职高管股份转让行为的管控,在高管离职时,应明确告知其限制转让义务,发现违法违规减持行为应及时制止。若离职高管罔顾警告仍然继续违法违规减持行为的,挂牌企业可以向证监会和股转公司报告,并将相关情形及时予以披露。

(2) 提升股东和高管的诚信水平

公司股东和高管要加强学习新三板的相关交易规则,增强法律意识,知法守法,加强对自身交易行为的自审,避免因不熟悉交易规则而产生违法违规减持行为。

监管机构应当进一步强化诚信体系建设:一是完善董监高任职资格审查和职业能力培训制度;二是加强对挂牌企业股东和董监高等人员诚信档案的建设与管理;三是进一步优化对离职高管股份转让行为的动态跟踪体系。

(六) 相关法律法规梳理

1.《证券法》

第三十八条 依法发行的股票、公司债券及其他证券,法律对其转让期限有限制性规定的,在限定的期限内不得买卖。

第四章 违法违规减持

第七十六条 证券交易内幕信息的知情人和非法获取内幕信息的人,在内幕信息公开前,不得买卖该公司的证券,或者泄露该信息,或者建议他人买卖该证券。

第八十六条 通过证券交易所的证券交易,投资者持有或者通过协议、其他安排与他人共同持有一个上市公司已发行的股份达到百分之五时,应当在该事实发生之日起三日内,向国务院证券监督管理机构、证券交易所作出书面报告,通知该上市公司,并予公告;在上述期限内,不得再行买卖该上市公司的股票。

投资者持有或者通过协议、其他安排与他人共同持有一个上市公司已发行的股份达到百分之五后,其所持该上市公司已发行的股份比例每增加或者减少百分之五,应当依照前款规定进行报告和公告。在报告期限内和作出报告、公告后二日内,不得再行买卖该上市公司的股票。

第一百九十三条 发行人、上市公司或者其他信息披露义务人未按照规定披露信息,或者所披露的信息有虚假记载、误导性陈述或者重大遗漏的,责令改正,给予警告,并处以三十万元以上六十万元以下的罚款。对直接负责的主管人员和其他直接责任人员给予警告,并处以三万元以上三十万元以下的罚款。

发行人、上市公司或者其他信息披露义务人未按照规定报送有关报告,或者报送的报告有虚假记载、误导性陈述或者重大遗漏的,责令改正,给予警告,并处以三十万元以上六十万元以下的罚款。对直接负责的主管人员和其他直接责任人员给予警告,并处以三万元以上三十万元以下的罚款。

发行人、上市公司或者其他信息披露义务人的控股股东、实际控制人指使从事前两款违法行为的,依照前两款的规定处罚。

第二百零四条 违反法律规定,在限制转让期限内买卖证券的,责令改正,给予警告,并处以买卖证券等值以下的罚款。对直接负责的主管人员和其他直接责任人员给予警告,并处以三万元以上三十万元以下的罚款。

2.《公司法》

第一百四十一条　发起人持有的本公司股份,自公司成立之日起一年内不得转让。公司公开发行股份前已发行的股份,自公司股票在证券交易所上市交易之日起一年内不得转让。

公司董事、监事、高级管理人员应当向公司申报所持有的本公司的股份及其变动情况,在任职期间每年转让的股份不得超过其所持有本公司股份总数的百分之二十五;所持本公司股份自公司股票上市交易之日起一年内不得转让。上述人员离职后半年内,不得转让其所持有的本公司股份。公司章程可以对公司董事、监事、高级管理人员转让其所持有的本公司股份作出其他限制性规定。

3.《股转公司业务规则(试行)》

2.8 挂牌企业控股股东及实际控制人在挂牌前直接或间接持有的股票分三批解除转让限制,每批解除转让限制的数量均为其挂牌前所持股票的三分之一,解除转让限制的时间分别为挂牌之日、挂牌期满一年和两年。

挂牌前十二个月以内控股股东及实际控制人直接或间接持有的股票进行过转让的,该股票的管理按照前款规定执行,持续督导券商为开展做市业务取得的做市初始库存股票除外。

因司法裁决、继承等原因导致有限售期的股票持有人发生变更的,后续持有人应继续执行股票限售规定。

4.《非上市公众公司收购管理办法》

第十三条　有下列情形之一的,投资者及其一致行动人应当在该事实发生之日起 2 日内编制并披露权益变动报告书,报送全国股份转让系统,同时通知该公众公司;自该事实发生之日起至披露后 2 日内,不得再行买卖该公众公司的股票。

（一）通过全国股份转让系统的做市方式、竞价方式进行证券转让,投资者及其一致行动人拥有权益的股份达到公众公司已发行股份的10%;

（二）通过协议方式,投资者及其一致行动人在公众公司中拥有权益的股份拟达到或者超过公众公司已发行股份的10%。

投资者及其一致行动人拥有权益的股份达到公众公司已发行股份的10%后,其拥有权益的股份占该公众公司已发行股份的比例每增加或者减少5%(即其拥有权益的股份每达到5%的整数倍时),应当依照前款规定进行披露。自该事实发生之日起至披露后2日内,不得再行买卖该公众公司的股票。

5.《股转公司股票发行业务细则(试行)》

第九条 发行对象承诺对其认购股票进行转让限制的,应当遵守其承诺,并予以披露。

6.《非上市公众公司监督管理办法》

第十六条 进行公众公司收购,收购人或者其实际控制人应当具有健全的公司治理机制和良好的诚信记录。收购人不得以任何形式从被收购公司获得财务资助,不得利用收购活动损害被收购公司及其股东的合法权益。

在公众公司收购中,收购人持有的被收购公司的股份,在收购完成后12个月内不得转让。

(七) 部分挂牌企业违法违规减持案例统计

表 14 部分挂牌企业违规减持案例统计

处罚或监管措施时间	公司名称	监管对象名称	监管对象类别	监管措施	违规行为类别	出具处罚或监管措施的机构
2015/4/30	奥美格	柳忠	实际控制人	限制证券账户交易（1个月），并向证监会报告	超比例减持、限制转让期限内减持	股转公司
2015/11/25	奥美格	柳忠、汪腊梅	实际控制人及其一致行动人	警告、罚款等行政处罚	超比例减持、限制转让期限内减持	证监会
2015/11/3	津宇嘉信	杨水荣	高管	提交书面承诺	超比例减持	股转公司
2015/11/3	津宇嘉信	杨彦	高管	提交书面承诺	超比例减持	股转公司
2016/2/2	意昂机电	叶志平	公司总经理	提交书面承诺	超比例减持	股转公司
2016/4/21	张铁军	张冠栋	董事	提交书面承诺	超比例减持	股转公司
2016/2/2	中航讯	宋天来	公司董事	提交书面承诺	限制转让期限内减持	股转公司
2016/4/28	国林环保	朱若英	原董事	约谈	限制转让期限内减持	股转公司
2016/5/5	博富科技	杨清亮	原监事	约谈,提交书面承诺	限制转让期限内减持	股转公司

资料来源：证监会,股转公司

第五章

财务造假

（一）财务造假的释义

1. 财务造假的定义

财务造假是一个由来已久的话题，国外有时也称作财务舞弊，在不同历史时期对其的解读也有着些许差异。不仅是新三板中的挂牌企业，包括上市公司、非上市公司、甚至非营利性组织都有可能发生财务造假的行为。因此，我们应该从多角度来解读财务造假的内涵。

（1）国外权威机构的定义

美国注册公共会计师协会（AICPA）对财务造假的定义更关注造假的行为本身，他们认为，财务造假就是公司或者企业的管理层在对财务报告进行披露时，故意瞒报、错报、不及时报告或者不报告的行为，即以具有欺骗性的财务报告进行披露，也将其称作"管理者的财务造假"或者"管理者的财务舞弊"。

国际审计准则 ISA240 对财务造假的定义则更加关注造假者的动机。他们认为，财务造假是指公司或企业的高层管理人员或第三方中介机构，为了获取非法的收益，而采取的对财务数据进行篡改、伪造或隐瞒的行为，财务造假是一种利益驱动下的主观行为，当该利益对造假者的诱惑力越大时，财务造假发生的概率也就越大。

美国审计准则（2002）对财务造假的定义则相当简洁，认为只要导致财务报告公布的数据与实际数据不符的行为,即是财务造假。他们并没有着重提到组织的性质、造假者的身份,以及造假者的主观动机等因素。该机构对财务造假行为主要关注两个方面:一是所公布的财务报表本身的真实性;另一个则是对公司或企业实际资产的滥用情形。

(2) 国内权威机构的定义

我国权威机构对财务造假行为的释义主要有两份文件:一个是2001年7月发布的《独立审计具体准则第8号——错误与舞弊》中独立审计对舞弊的阐述;另一个是2006年颁布的《中国注册会计师审计准则第1141号——财务报表审计中对舞弊的考虑》对舞弊的阐述。由此可以看出,我国对财务造假的定义更倾向于从舞弊的层面来解读。

第一份文件对舞弊的定义,是指导致会计报表产生不实反映的故意行为。它主要包括:伪造、变造、记录或凭证;侵占资产;隐瞒或删除交易或事项;记录虚假的交易或事项;蓄意使用不当的会计政策。其中第二项"侵占资产"没纳入财务报告舞弊的范畴,是不同于财务报告舞弊的另一种舞弊行为。

后一份文件对舞弊的定义,是指被审计单位的管理层、员工或第三方机构使用欺骗手段获取不当或非法利益的故意行为。该定义更多是从法律的角度来阐释,其中有两类故意错报与财务报表审计相关:一类是对财务信息做出虚假报告导致的错报;另一类是对侵占资产导致的错报。

结合国内外的权威定义以及实际发生的案例状况,本文认为,凡是企业或公司造成财务报表与事实不相符的行为,都可以称为财务造假。

2. 财务造假的特征

(1) 通常是高层管理人员的群体行为

虽然企业中各个层级的人员都有财务造假行为的动机、途径以及可能性,但通过对已有财务造假行为和案例的分析,可以发现,大多数的财务造假行为都是高层管理人员的群体行为。因为,虽然一线员工有财务造假的动机、途径和可能性,但是被发现的概率也大,风险更高。除非是与高层管理人员串通一气,否则很容易被公司内审制度等核查出来。而如果高层管理人员通过相互之间合作来造假,一般的第三方审计机构是很难识别出来的。所以,大部分的财务造假行为都是群体行为,并且都是有计划、有组织的。

(2) 都会以财务或者会计数据作为造假的载体

不论是高层管理人员还是一线员工,财务造假的行为一般都离不开财务数据的伪造,最终都要通过会计凭证、会计账簿、会计报表和资产实物等会计信息载体来实现最终的造假行为。这一特征从某种层面上来讲,给查处财务造假提供了一些思路,就是从会计凭证等基础财务数据出发来审查财务造假行为。

(3) 财务造假无法从根本上改善企业的盈利状况

财务造假行为所衍生出来的会计账簿,从数据上看是光鲜亮丽的,而它与企业的实际运营情况是有偏差的,企业无法通过表面的光鲜来提升实际盈利水平。而与此相反,财务造假不但会给企业带来负面的声誉,影响外界对企业信誉的判断。同时,作为一种违法行为,它也会给企业带来巨大的财务损失。

(4) 玩忽职守也属于财务造假

从国内外已经发生的财务造假案例来看,玩忽职守同样属于财务造假的范畴。企业的高层管理人员作为出具财务报告的代理人,勤勉尽责是他们应尽的义务。所以,如果因为疏忽所造成的财务报表虚假陈述,同样属于财务造假行为,也应当要承担相应的法律责任。

(5) 财务造假行为通常具有连续性

财务造假的行为主体,由于通常要经过精心的策划、合谋,所以一般都体现了连续性,即不仅是一个会计期间的财务造假,而是连续几个财报披露季都会存在造假现象。这一方面是为了填补上一期造假所造成的漏洞或空白,另一方面也有可能是由于突然的变故,出乎当局者的意料,从而不得不通过另一个造假行为来掩饰上一个造假行为。

（二）财务造假惯用手法

1. 虚构交易事项

虚构交易事项是财务造假案例当中最为常见的一种形式，主要包括虚构交易事实等。虚构交易事实通常要凭空捏造一些实际上并不存在的交易事件，而为了让这种虚构的交易事件看起来更为真实，造假者还需要虚构与之相匹配的整个交易环节的各种法律文书和凭证。所以，这类造假行为违反的法律法规也不仅仅局限于会计法规，还违反了其他相关法规。

2. 恶意利用会计政策和制度实施财务造假行为

任何政策和制度都具有一定的内在缺陷，而这也给造假者提供了可乘之机。会计政策和制度是所有企业编制财务报告的基准和原则。因此，对会计政策和制度的不同运用方式，势必会形成不一样的财务报表结果。由于我国的会计准则有明确指引："企业对会计政策和会计估计的选择和运用可以在《企业会计准则》规定的框架内依据本企业行业特点和具体经营情况自主选择"，所以对不同项目的不同处理方式，可以让财务报表在合理的范围内呈现出不一样的结果。因此，恶意利用会计政策和制度的局限性也是财务造假的手段之一。

3. 通过关联交易来进行财务造假行为

关联交易方式的财务造假通常有三种情况：明显的关联方利益输送、关联交易非关联化和隐蔽的非关联方利益输送。第一种明显的关联方交易指的是直接与关联方发生交易，如购买关联方的产品或者服务，这种方式操作更为简单，也容易被查处；第二种关联交易非关联化指的是引入一个第三方企业，该第三方企业与主体之间存在着间接的或者说是隐蔽的关联关系,然后通过该第三方来进行关联交易;第三种隐蔽的非关联方利益输送通常指的是,通过员工减薪、供应商降价、经销商加价提货甚至囤货、减税或增加补贴收入等形式进行的财务造假行为。通过关联交易实施的财务造假行为,既可以伪造营业收入和毛利率提升的假象,也能够变相冲减费用,在实际的案例中情况比较复杂多样。

4. 通过制造非经常性收益来掩盖真实的营业亏损

非经常性收益主要包括:处置资产收益、股权转让收益、债务重组收益、诉讼胜诉、费用减免、税收减免、利息减免、财政返还和补贴收入、新股申购资金利息收入等。通常情况下,非经常性收益应该只占企业总营业收入的很小一部分,但在我国的证券市场上,一些企业也常通过对非经常性损益的虚构等手段来掩盖企业亏损的真相。

5. 虚增资产

虚增资产的标的不仅可以包括实物资产,如工程项目、仓库存货等,也可以包括如品牌价值之类的无形资产,手段通常是夸大原有资产的价值。我国企业虚增资产的情形大多数出现在企业自身希望获得较大规模融资的时候,这时候通过财务造假来提升融资规模。

6. 提前确认收入

提前确认收入也是新三板中财务造假企业的惯用手法之一。在实际的案例中,提前确认收入的行为大多发生在企业打算挂牌新三板的前夕,为了符合挂牌的财务要求,让公司能够顺利、快速地实现挂牌,拓宽融资渠道,企业有可能与经销商串谋,将营收账款提前计入到营业收入之中,同时还伪造各类凭证来佐证。

7. 延迟确认费用

同样是为了提升企业利润,以方便在挂牌之前满足挂牌的基本要求,新三板拟挂牌企业有时会将在本期发生的期间费用,故意推迟到下期,或者将所有费用平均分摊到不同会计期间,以此来达到降低企业当期成本提升利润的目的。该手段和前述的提前确认收入都属于最为常见的手法。

8. 虚夸企业所投资项目的未来收入预期

挂牌企业有时为了吸引投资者的注意,会故意夸大通过募资所投项目的收入前景,以此来提升企业的估值或者获取其他方面的利益。在实际的操作上,挂牌企业手法较多:有些是通过与券商研究机构的研究员串通好发布虚假的调研报告;有些是直接在会计报表上造假,虚报投资项目的定价;也有的是夸大市场的供需结构。

(三) 案例12:L公司以不公允价格虚增收入

1. 案情介绍[①]

L公司成立于2006年12月,注册资本10,040万元,主营业务是野山参的生产与销售。2014年12月8日,L公司在"新三板"正式挂牌。

L公司在2012年尚处亏损状态,2013年起却终于找到生财之道,开始大量销售人参。也正是从2013年开始,L公司的大客户只有一个,其采购额占公司营业收入总额的七至八成,该客户就是受控于同一大股东的L1公司。L公司财务报表显示,2012年公司营业收入为7,545.77万元,亏损2,329.07万元;2013年,公司扭亏为盈,营业收入骤增至1.98亿元,净利润达1.15亿元。在2013年的业绩构成中,其所谓"野山参"销售收入为1.42亿元,占营业收入总额的71.62%,而买家只有一个,即

---

① 本案例中案情情况主要转载于发表在《上海证券报》官方网站的中国证券网,链接:http://company.cnstock.com/company/scp_dsy/tcsy_rdgs/201507/3503328.htm

L1公司。

但是，L公司挂牌新三板后第一份年报就遭遇了业绩变脸。到了2014年，L1公司的收入支柱作用愈发明显。L公司的财务报表显示，2014年实现营业收入1.16亿元，同比减少41.41%，净利润6,630.64万元，同比减少42.18%。在当期营业收入中，L1公司再次贡献9,251.91万元，占公司营业收入总额的比例提升至79.88%。

在2014年11月发布的《转让说明书》中，L1公司的股权结构为：L公司实际控制人于某及其夫人全资控股的L2公司持股49%；另一家L3公司持股51%，而L2公司当时持有L公司88.49%股权。不过，根据L公司2014年年报披露，L3公司已于2014年10月21日、11月1日将所持L1公司的股权全部转让给L2公司。也就是说，在L公司挂牌新三板之时，于某及其夫人既是L公司的控股股东，也是L1公司的控股股东。

其实，L公司在规范经营和独立性等方面一直存在隐患。公司《转让说明书》提示，公司与关联方的交易活动频繁，其中，2013年度公司销售给关联方L1公司金额为1.42亿元，占同期主营业务收入比例为71.62%。在关联交易的定价方面，与L1公司的"野山参"销售合同的价格是在参照同期市场交易价格的基础上进行定价的，向L2公司转让L实业股权时则未经资产评估，仅按出资额进行平价转让。虽然公司与关联方之间的交易均已经签署了书面协议，但仍存在不规范情形。

在独立性方面，公司对第一大客户L1公司的销售额占公司主营业务收入的71.62%，且L1公司为公司控股股东L2公司的合营公司；同时，公司作为反担保保证人，为L2公司的1.7亿元借款（上述款项已偿还3,000万元），向L担保公司提供反担保保证，并承担连带保证责任；此外，公司与实际控制人和控股股东都存在大额交易，公司还持续与关联方频繁发生资金拆借行为。最终，由于上述财务违规行为，L公司遭证监会立案调查。

2. 违规处罚或监管措施

L公司于2016年5月26日收到证监会的《行政处罚事先告知书》。根据当事人违法行为的事实、性质、情节与社会危害程度,证监会依照《证券法》第一百九十三条第一款的规定,责令L公司改正,给予警告,并处以六十万元罚款;对于某、李某给予警告,并分别处以三十万元罚款;对赵某给予警告,并处以十万元罚款;对肖某、吴某、蒋某给予警告,并分别处以五万元罚款。

附:对挂牌企业的行政处罚文件

《行政处罚决定书》

当事人:L公司。

于某,男,1960年6月出生,时任L公司董事长,住址:北京市昌平区。

李某,男,1962年8月出生,时任L公司总经理,住址:北京市昌平区。

赵某,女,1976年12月出生,时任L公司财务总监,住址:辽宁省兴城市。

肖某,男,1966年6月出生,时任L公司董事,住址:北京市朝阳区。

吴某,女,1968年4月出生,时任L公司董事,住址:北京市朝阳区。

蒋某,女,1967年10月出生,时任L公司董事,住址:北京市朝阳区。

依据《中华人民共和国证券法》(以下简称《证券法》)的有关规定,我会依法对L公司信息披露违法违规行为进行了立案调查、审理,并依法向当事人告知了作出行政处罚的事实、理由、依据及当事人依法享有的权利,当事人均未提交陈述、申辩意见,也未要求听证。本案现已调查、审理终结。

经查明,上述当事人存在以下违法事实:

一、2013年L公司少计成本55,382,210元,导致虚增利润

55,382,210元

L公司在2013年与仲某、L3签订多份人参抚育协议,支付金额55,382,210元,但上述款项的实际用途为购买由仲某和L3联系货源的野山参。其中,由仲某联系购买的野山参整参80,064支,每支400元;碎参4,708.75斤,每斤1,000元,共计36,734,350元。由L3联系购买的野山参整参46,016支,每支390元;碎参701.62斤,每斤1,000元,共计18,647,860元。两者合计整参126,080支,碎参5410.37斤,金额55,382,210元。

L公司通过虚构协议,将上述外购野山参的成本55,382,210元以支付人参抚育费的名义支付给L3和仲某等人,计入了"管理费用",后该笔"管理费用"被调整至"生产性生物资产"科目。最终销售时,L公司未对外购野山参的成本进行结转,少计成本55,382,210元,虚增利润55,382,210元。

二、2013年L公司虚增收入73,729,327元,导致虚增利润73,729,327元

L公司与L1公司于2012年12月15日签订购销协议,就L公司长期向L1公司供应野山参达成3年有效期协议,明确了人参数量、单价等。该合同签订之时,L公司和L1公司同受L2公司控制,两公司的法定代表人同为于某,于某还是L2公司的董事长。2013年7月1日,L2公司持有的L1公司股份由100%变为49%(某医院集团有限公司持股51%),L公司总经理由L2公司实际控制人于某担任,依旧对L1公司施加重大影响。2014年11月1日L2公司恢复持有L1公司的100%股份。

根据《企业会计准则第36号——关联方披露》的第三条"两方或两方以上同受一方控制、共同控制或重大影响的,构成关联方"和第四条"(十)该企业主要投资者个人、关键管理人员或与其关系密切的家庭成员控制、共同控制或施加重大影响的其他企业"的规定,2013年L公司与L1公司构成关联方,两者之间的交易构成关联交易。

2013年L公司向L1公司销售的野山参绝大部分是外购的野山参,L

公司按照整参每支800元,碎参每斤2,000元的价格确认了对L1公司的销售收入,销售价格高于其从上述独立第三方的采购成本近一倍,销售价格虚高、不公允。

根据《企业会计准则第14号——收入》第五条第一款"企业应当按照从购货方已收或应收的合同或协议价款确定销售商品收入金额,但已收或应收的合同或协议价款不公允的除外"的规定,L公司价格不公允部分的收入不应被确认为收入。

L公司《公开转让说明书》中2013年度财务报告显示:该公司2013年主营业务收入197,698,264.28元,主营业务成本55,010,532.41元。其中,野山参销售收入为141,582,800元,成本11,236,681.71元。根据销售明细,销售给L1公司的野山参收入为141,568,800元。所有被销售的野山参来源均显示为自产人参,实际上绝大部分为前文所述的外购野山参。依照L公司采购野山参的市场价计算,其销售给L1公司的野山参合计可确认收入实际为67,839,473元,L公司虚增收入73,729,327元,导致虚增利润73,729,327元。

综上,2013年L公司通过少计成本的方式虚增利润55,382,210元、通过不公允的价格关联交易虚增收入从而虚增利润73,729,327元,合计虚增利润129,111,537元。2014年12月8日,L公司在全国中小企业股份转让系统挂牌,其在《公开转让说明书》中披露了虚增的2013年利润。

上述事实,有相关会议记录、相关协议、情况说明、原始凭证、当事人询问笔录等证据证明,足以认定。

L公司的上述行为违反《非上市公众公司监督管理办法》(以下简称《管理办法》)第二十条"公司及其他信息披露义务人应当按照法律、行政法规和中国证监会的规定,真实、准确、完整、及时地披露信息,不得有虚假记载、误导性陈述或者重大遗漏。公司及其他信息披露义务人应当向所有投资者同时公开披露信息"的规定,构成了《管理办法》第六十条"公司及其他信息披露义务人未按照规定披露信息,或者披露的信息有虚假记载、误导性陈述或者重大遗漏的,依照《中华人民共和国证券法》第一百九十三条的规定进行处罚"所述情形。

对L公司的上述违法行为,时任公司董事长于某和时任总经理李某是直接负责的主管人员,时任财务总监赵某、董事肖某、吴某、蒋某是其他直接责任人员。

根据当事人违法行为的事实、性质、情节与社会危害程度,依照《证券法》第一百九十三条第一款的规定,我会决定:

一、责令L公司改正,给予警告,并处以60万元罚款;

二、对于某、李某给予警告,并分别处以30万元罚款;

三、对赵某给予警告,并处以10万元罚款;

四、对肖某、吴某、蒋某给予警告,并分别处以5万元罚款。

上述当事人应自收到本处罚决定书之日起15日内,将罚款汇交中国证券监督管理委员会(开户银行:中信银行总行营业部,账号7111010189800000162,由该行直接上缴国库),并将注有当事人名称的付款凭证复印件送中国证券监督管理委员会稽查局备案。当事人如果对本处罚决定不服,可在收到本处罚决定书之日起60日内向中国证券监督管理委员会申请行政复议,也可以在收到本处罚决定书之日起6个月内直接向有管辖权的人民法院提起行政诉讼。复议和诉讼期间,上述决定不停止执行。

证券会
2016年5月26日

3. 案例分析

为了能够在新三板顺利挂牌,L公司2013年的业绩实现了"爆炸式的增长",由2012年的亏损2,000多万,转变成了2013年底实现净利润1个多亿。从公司公布的财务报表可以发现,这爆炸式的利润增长,都来自于同一公司贡献的收入,并且是同一种产品。然而,好景不长,在成功挂牌新三板后的第一个年度财务报表中,公司的经营就出现了"蹦极式下跌",营业收入同比减少41.41%,净利润同比减少42.18%。对此,公司的解释为"子公司的剥离,以及出于战略考虑,有节奏地控制'野山参'的采挖数量"。

从最终证监会公布的调查结果可以看到,L公司的"爆炸式增长"和"蹦极式下跌"都是其财务故意造假而来。为了满足新三板挂牌条件,L公司通过其控股的L1公司产生关联交易,虚报营业收入。从挂牌企业的资产负债表中可以看出挂牌企业的应收账款、应收票据、预付账款和其他应收款的债务人大多是其关联方。上述应收款项在挂牌企业非公允关联销售和采购交易中占有很大的比例。由于日常商品的购销行为较为频繁,又使得这类非公允关联交易行为更加隐蔽。在非公允关联交易下,挂牌企业往往以高于市场的价格从关联方购入原材料,又以低于市场的价格向关联方出售产品,产品销售后的资金回笼又掌握在关联方的手中。这样,关联方既可以利用原材料的供应渠道和产成品的销售渠道实现资源的转移,也可以非常方便的占用挂牌企业的资金。在这错综复杂的关联交易下,公众很难辨别出其交易背后所隐藏的各种动因。

4. 案例启示

(1)进一步加大监管的强度

自2014年证监会开展集中严打行动以来,挂牌企业的财务造假及其他违法违规行为逐步浮出水面。从L公司的案例来看,建议监管层今后持续保持对挂牌企业的监管力度,加强信息披露机制,按照要求和规定及时监督挂牌企业进行信披,并审核其信披的规范和真实性。

(2)提升中介机构的服务质量

在L公司的案例中,我们都不用知道其会计手法的真实动机,仅仅从报告期末巨额会计变化,就有理由去怀疑此操作手法的正当性。其实,在这个过程中,如果审计机构更加尽职尽责,完全可以发现各种端倪。另外,像L公司这种财务造假手法,对于会计师事务所来说,不光要仔细审核其损益表,还得审核其资产负债表中与之相关的科目,这在一定程度上也提高了对中介机构服务的要求。

(3) 加大对财务造假行为的惩罚力度

从本案例可以看到,目前证监会对 L 公司的惩罚力度相对于其财务造假的金额来说,相差甚远。同时,截至 2016 年 8 月底,监管部门也尚未出具对中介机构的处罚措施。因此,建议监管部门尽快建立挂牌企业退市机制,对财务造假行为情节恶劣、使得投资者遭受较大损失、市场遭受较大负面影响的挂牌企业,应该主动劝退。同时,要加强对中介机构的监管和处罚,制定相应的机制措施,让中介机构能尽职尽责。

(四) 案例 13:M 公司财务报表被督导券商"不予认可"

1. 案情介绍[①]

M 公司成立于 2001 年,注册资本 13,336 万元,总资产 5.02 亿元,是一家"选育、生产、经营相结合"的科技型种业企业。2015 年 4 月,M 公司在新三板正式挂牌。

2016 年 6 月,M 公司发布 2015 年报,审计机构对其出具了"无法表示意见"的认定。不仅如此,作为持续督导券商的 M 证券随后发布公告,对于 M 公司的年报有效性"不予认可",此举被业内解读为"国内资本市场相当罕见"。

7 月 25 日,M 公司发布公告称,该公司在 21 日上午审议通过了《关于免去张某公司董事长职务的议案》,董事长张某被宋某、李某、贺某、张小某等 4 名其他董事会成员一致罢免。而在此前公开质疑公司财务造假的公司董秘宋某暂代行其职。

---

① 本案介绍主要转载于《中国经营报》,详见:http://dianzibao.cb.com.cn/html/2016-08/08/content_51512.htm?div=-1

宋某随后在接受媒体采访时,公开质疑 M 公司存在财务造假问题,并直指董事长张某。一份 M 公司在 4 月 7 日召开的内部会议纪要文件显示,前述 5 名董事均签字认可"涉嫌虚构资金、利润,并直接指挥财务工作人员伪造财务报表、挪用公司募集资金,使公司账面造成巨大漏洞,董事长张某负有首要责任"。

M 公司 2015 年报显示,公司全年亏损 1.1 亿元。而在 2014 年,其盈利 766 万元。根据《公开转让说明书》,M 公司 2012 年、2013 年的净利润分别为 4,349.52 万元和 3,410.52 万元。早在 2013 年时,M 公司已出现财务异常,应收账款从 3,000 万元涨到了 1.3 亿元。宋某此前表示,该公司董事长张某涉嫌虚增收入、虚增利润等财务造假行为,成为公司陷入当前局面的主要原因。宋某称,M 公司挂牌之前已存在财务造假行为,但由于董事会成员均接触不到真实的财务数据,致使没有获得确切数据。M 公司有股东曾解释,该公司在 2013 年的应收账款 1.3 亿元,比 2012 年涨了 1 亿余元。张某在被询问时解释称,因公司在黄河流域市场营销不理想,为突破新疆的棉种市场而进行赊销。期间,审计机构期间也不曾审计出问题。

6 月 30 日 M 证券发布《关于 M 公司 2015 年度报告的风险提示性公告》,称 M 证券作为 M 公司的持续督导券商,履行持续督导职责,多次督促 M 公司履行信息披露义务,提交延期披露的 2015 年度报告及相关披露文件。该公告描述,M 公司于 2016 年 6 月 28 日向 M 证券提交拟披露的 2015 年度报告及相关披露文件,后者依据事先审查的原则对相关公告进行审核。截至年度报告延期披露截止日,M 公司无法对在审核过程中提出的问题给予全部回复,导致 M 证券无法对 M 公司 2015 年报事先审核完毕。

随着 M 公司董事会矛盾的激烈化,以及"财务造假"风波持续发酵,股转公司责成 M 证券及审计机构 M 会计师事务所,对 M 公司的上市文件进行重新核查。7 月 13 日,由山东省证监局、M 证券等组成的"调查组"进驻 M 公司。

2. 违规处罚或监管措施

因 2015 年度财务报告被出具无法表示意见的审计报告,根据《全国中小企业股份转让系统业务规则(试行)》"4.2.8 挂牌企业出现下列情形之一的,全国股份转让系统公司对股票转让实行风险警示,公司股票简称前加注标识并公告:(一)最近一个会计年度的财务会计报告被出具否定意见或者无法表示意见的审计报告。"相关业务规定,经公司向全国中小企业股份转让系统有限公司申请,自 2016 年 7 月 1 日起,公司成为 ST 股。

据了解,山东省证监局已于 7 月 13 日进入 M 公司进行现场检查,截至 2016 年 8 月底,公司正处于调查中,调查结果尚未公布。

3. 案例分析

据年报显示,2015 年 M 公司营业收入达到 8,485.12 万元,同比去年减少 58.85%;2015 年公司亏损 1.10 亿元,而 2014 年还有 766.23 万元的净利润。根据公司公告的解释:受市场行情影响,皮棉价格和棉花种植面积大幅下降,导致棉花种子和皮棉销售大幅下降,而棉种和皮棉占营业收入比重较高,因此导致营业收入的大幅下降。

而 M 公司的 2015 年半年报显示:公司 2015 年上半年的营收和净利润分别是 8,662.20 万元、1,030.75 万元。可以发现,公司公告的 2015 年半年度收入要大于 2015 年全年度收入,这么明显的错误,财务报告编制相关负责和审计人员都有不可推卸的责任。要么是疏忽大意,要么是故意造假财务报告。

作为 M 公司持续督导券商的 M 证券,在这场风波中,如今亦备受各方质疑,多名业内人士分析称,其没有尽职做到认真调查。另外,同样作为中介的审计机构对此财务造假行为也负有不可推卸的责任。

4. 案例启示

(1) 完善挂牌企业的治理体系

完善的内部控制体系是一个企业生存和发展的基础,如若整个企业由一人说了算,全部的权力和资源都掌握在同一个利益集团手中,则出现违法违规行为的可能性就大大提升。因此,挂牌企业应该从构建现代企业治理体制入手,完善公司的治理体系,进而推动具体的执行,不仅仅要完备董事会、监事会、高管人员、股东大会等常设结构,还应该要让所有主体都能够充分发挥其应有的作用,不能只是一个空壳摆设,让治理结构能够起到制约违规行为发生、促进企业进一步发展的作用。

(2) 提升中介机构的职业道德和技能

从M公司的案例我们可以看到,其财务造假行为已经持续了较长时间,而在这么长的时间内却无财务审计人员提出质疑,直到"纸包不住火"时,才出具了一份"不予认同"的意见书,让人对中介机构是否尽职提出了质疑。如果是中介机构专业能力不够,无法从企业公开的财务报表中发现问题,那就应该要提升专业技能,或者让挂牌企业更换中介机构;如果是中介机构不够尽职,在得知挂牌企业财务造假的情况下,视而不见甚至是包庇,让投资者蒙受了巨大的损失,则建议监管层或者自律组织进一步加强对中介机构业务人员的监管。

(3) 发挥公众媒体的监督功能

如此大体量的新三板市场,单单依靠政府部门的监督是远远不够的,应该更多地让公众媒体来发挥作用。政府方面,应该搭建一个良好的平台,让公众媒体来监督挂牌企业,不应为了保护挂牌企业而过多地限制媒体的权力,同时防止媒体为了吸引眼球而过度夸大事实,引起市场恐慌。

(五) 相关法律法规梳理

1.《刑法》

第一百六十一条 依法负有信息披露义务的公司、企业向股东和社会公众提供虚假的或者隐瞒重要事实的财务会计报告,或者对依法应当披露的其他重要信息不按照规定披露,严重损害股东或者其他人利益,或者有其他严重情节的,对其直接负责的主管人员和其他直接责任人员,处三年以下有期徒刑或者拘役,并处或者单处二万元以上二十万元以下罚金。

第一百六十二条 公司、企业进行清算时,隐匿财产,对资产负债表或者财产清单作虚伪记载或者在未清偿债务前分配公司、企业财产,严重损害债权人或者其他人利益的,对其直接负责的主管人员和其他直接责任人员,处五年以下有期徒刑或者拘役,并处或者单处二万元以上二十万元以下罚金。

第一百六十二条之一 隐匿或者故意销毁依法应当保存的会计凭证、会计账簿、财务会计报告,情节严重的,处五年以下有期徒刑或者拘役,并处或者单处二万元以上二十万元以下罚金。

单位犯前款罪的,对单位判处罚金,并对其直接负责的主管人员和其他直接责任人员,依照前款的规定处罚。

第一百六十二条之二 公司、企业通过隐匿财产、承担虚构的债务或者以其他方法转移、处分财产,实施虚假破产,严重损害债权人或者其他人利益的,对其直接负责的主管人员和其他直接责任人员,处五年以下有期徒刑或者拘役,并处或者单处二万元以上二十万元以下罚金。

2.《会计法》

第四条 单位负责人对本单位的会计工作和会计资料的真实性、完整性负责。

第九条 各单位必须根据实际发生的经济业务事项进行会计核算,填制会计凭证,登记会计账簿,编制财务会计报告。任何单位不得以虚假的经济业务事项或者资料进行会计核算。

3.《非上市公众公司监督管理办法》

第二十条 公司及其他信息披露义务人应当按照法律、行政法规和中国证监会的规定，真实、准确、完整、及时地披露信息，不得有虚假记载、误导性陈述或者重大遗漏。公司及其他信息披露义务人应当向所有投资者同时公开披露信息。公司的董事、监事、高级管理人员应当忠实、勤勉地履行职责，保证公司披露信息的真实、准确、完整、及时。

第六十条　公司及其他信息披露义务人未按照规定披露信息，或者披露的信息有虚假记载、误导性陈述或者重大遗漏的，依照《中华人民共和国证券法》第一百九十三条的规定进行处罚。

4.《证券法》

第一百九十三条　发行人、挂牌企业或者其他信息披露义务人未按照规定披露信息，或者所披露的信息有虚假记载、误导性陈述或者重大遗漏的，责令改正，给予警告，并处以三十万元以上六十万元以下的罚款。对直接负责的主管人员和其他直接责任人员给予警告，并处以三万元以上三十万元以下的罚款。发行人、挂牌企业或者其他信息披露义务人未按照规定报送有关报告，或者报送的报告有虚假记载、误导性陈述或者重大遗漏的，责令改正，给予警告，并处以三十万元以上六十万元以下的罚款。对直接负责的主管人员和其他直接责任人员给予警告，并处以三万元以上三十万元以下的罚款。发行人、挂牌企业或者其他信息披露义务人的控股股东、实际控制人指使从事前两款违法行为的，依照前两款的规定处罚。

5.《企业会计准则》

第三条　两方或两方以上同受一方控制、共同控制或重大影响的，构成关联方。

第四条　(十)该企业主要投资者个人、关键管理人员或与其关系密切的家庭成员控制、共同控制或施加重大影响的其他企业。

第六章
控股股东违规占用公司资金

(一) 违规行为释义

1. 控股股东违规占用资金的定义

根据我国《公司法》的规定:"控股股东是指其出资额占有限责任公司资本总额百分之五十以上或者其持有的股份占股份有限公司股本总额百分之五十以上的股东。"但在现实情况中,人们也有可能用"控制力"一词来替代占股比例,因为有些公司由于股权比较分散,虽然很多大股东占股本总额没有超过百分之五十,却能够实际掌握整个公司的重大经营决策,掌控公司的未来发展方向。类似于这样的情况,本文也将之作为"控股股东"。

控股股东违规占用公司资金指的是,控股股东或者与其有关联关系的组织或个人占用公司资金使其不能按预定计划投入到实际运用中的行为。通常情况下,控股股东在违规占用公司资金时并未通过股东大会,是出于自身的私利,严重损害了其他中小股东的利益。情况严重的,还会给公司本身带来重大损失,甚至是灭顶之灾。从被占用资金的性质来看,我们可以将其分为经营性占用和非经营性占用。其中,经营性的资金占用指的是被占用的资金来源于企业日常的经营活动,而非经营性的资金占用方式就比较多元化,且往往更难于被察觉。例如,企业直接(或间接)为控股股东(或其附属企业)垫付资金、偿还债务、承担担保责任形成的债权等。

2. 影响控股股东违规占用资金的常见因素

(1) 股权结构

股权结构有四个维度会对控股股东违规占用公司资金产生影响,分别是股权集中度、股权制衡程度、管理者持股比例、控股股东的类型。

首先,从股权集中度来看,由于现代企业制度的特性,控股股东跟中小股东之间可以看作是一种委托代理关系,而且股权越是集中该特性就越明显。正因为控股股东对企业有着较大的控制力,所以他们更容易通过一些特殊手段来为自己获取私利。因此,股权集中度越高,控股股东违规占用资金的可能性也就越大。

其次,股权制衡程度也是一个重要因素。除了控股股东之外,前十大股东中的其他九位合计持股比例也是相当之高,如果控股股东的行为损害了他们的利益,他们就有动力组成一个联合体来制衡控股股东的行为,防止控股股东进一步扩大资金占用。因此,股权制衡程度越高,控股股东违规占用资金的可能性就越低。

再次,管理层持股比例的因素也不容忽视(这里所指的管理层并非控股股东,也不是其一致行动人)。当管理层持有公司股份时,他们会更倾向于从中小股东的视角来思考,当控股股东的行为损害中小股东利益时,他们会主动采取行动来减少该行为对其自身造成的损失。所以,有管理层持股的企业,控股股东违规占用资金的可能性越低。

最后,对控股股东占用资金有影响的还有控股股东的类型。任何违规行为都会受到外部环境的制约,例如当外部监督存在时,控股股东违规占用挂牌企业资金的行为就会大大减少,但如果控股股东是以集团公司的形式存在,情况又有所不同。集团公司由于组织架构和股权构成可以更加的复杂多样,能为控股股东违规行为提供"掩护"的手段随之也会增加,因此,若控股股东是集团公司,则控股股东违规占用企业资金的可能性就越高。

(2) 董事会结构

董事会结构有两个方面的特征会对违规占用资金产生较大影响：一个是董事长与总经理两个职位是否集中于一人，另一个是董事会的规模。

第一种情况下，董事长与总经理两职合一。部分挂牌企业的总经理是由控股股东直接委派，在这种架构下，虽然能够提升管理层决策的效率，但降低了董事会对总经理的监督效用，使得总经理享有的权力过大，容易造成控股股东以权谋私的行为。因此，在董事长与总经理两职合一的董事会结构下，控股股东违规占用挂牌企业资金的可能性也就更大。

另一个对违规占用资金影响较大的要素是挂牌企业的董事会规模。董事会本身的职责就是监督企业经营层的行为，让他们有利于企业的发展，有利于大小股东的利益。一般来说，董事会的规模越大，监督能力也就越强，也能更好地制约高层管理人员的行为，提高他们的违规成本。因此，董事会规模越大，控股股东违规占用企业资金的可能性也就越低。

(3) 外部审计质量

控股股东作为公司的实际控制人，相比于中小股东而言，他们最清楚企业的实际运营情况，有着绝对的信息优势，这种信息的不对称也是控股股东违规占用资金行为的主要因素之一。从公司治理的角度出发，现代企业都设置了外部审计制度，希望通过外部审计来监督企业经营层的行为。因此，外部审计的质量好坏会影响控股股东的违规行为。一般来讲，外部审计的质量越好，挂牌企业控股股东违规占用资金的行为就越少。

（二）违规占用公司资金的惯用手法

1. 借款

在诸多违规占用资金的手法之中，借款可以说是控股股东们最常用的手法,并且该手法的方式也是多种多样:有控股股东直接借款的,有控股股东向其个人名下的其他企业借款的,也有控股股东的亲友向挂牌企业借款的,还有控股股东借款给亲友实际控制的公司的,以及联营企业借款等。

2. 贷款

除了借款以外,贷款也是控股股东违规占用资金的较为常见的行为,通常有两种形式。一种是委托贷款,指的是控股股东委托银行将挂牌企业的钱以贷款的形式放贷给与之相关联的另一家企业;另一种是担保贷款,指的是控股股东在未获得股东大会同意的情况下,私自以挂牌企业的名义作为担保方,贷款给与自己相关联的企业或者个人。

3. 以"代"的形式

除了上述的借款和贷款以外,新三板中控股股东的违规资金占用行为以"代"形式出现的情况也是比较多的。

"代"的情况包括代支、代垫、代收、代偿等。一是帮子公司代垫费用,母公司出资为子公司清还债务或者购买实物等等;二是代垫股东相关费用,挂牌企业给股东代垫费用的案例还是很常见的,比如以公司名义为股东代垫个人所得税;三是为控股股东亲属控制的企业垫款,有时候企业不仅仅为实际控制人垫款,还为实际控制人关系密切的家庭成员,以及家庭成员控制的公司代垫款;四是股东、实际控制人代收货款形成占用,即以个人名义代收公司实际发生的经营性或非经营性收入;五是代发工资,这种情况也在挂牌企业中出现过,即挂牌企业帮别的企业(多是控股股东和实际控制人控制的其他附属企业)发工资。

（三）案例14：N公司董事长借款偿还个人债务

1. 案情介绍[①]

N公司成立于2008年9月，主营业务为农用生物制品开发、生产、销售和服务。2014年1月，N公司在新三板市场正式挂牌，现注册资本为5,105.62万元。

2014年8月，股转公司发布《关于对N公司相关当事人给予通报批评处分的决定》公告。公告称，对N公司控股股东、实际控制人、董事长兼总经理曹某采取了通报批评的纪律处分措施。

公告显示，曹某是N公司控股股东、实际控制人、董事长兼总经理。经查明，曹某于2013年12月份向公司借款1,031.63万元，构成控股股东违规占用公司资金。公司在2014年4月28日前未履行信息披露义务。经主办券商督促，曹某于2014年5月21日偿还全部资金和利息。

曹某的上述行为违反了《全国中小企业股份转让系统业务规则（试行）》第1.5条、第4.1.4条的规定，曹某作为公司控股股东、实际控制人、董事长兼总经理，对N公司信息披露违规、公司治理不规范、内部控制薄弱负有重要责任。

鉴于曹某的上述违规事实和情节，根据《全国中小企业股份转让系统业务规则（试行）》第6.3条的规定，股转公司决定对曹某给予通报批评的纪律处分，并记入诚信档案。

据股转公司有关负责人介绍，曹某已于2013年12月份被检察机关要求协助调查。2014年1月，曹某因涉嫌滥用职权罪、行贿罪被检察机关采取逮捕强制措施。自上述事件发生至2014年4月16日期间，N公

[①] 本案例案情主要转载于中国经济网，详情见：http://finance.ce.cn/rolling/201408/12/t20140812_3333022.shtml

司未履行信息披露义务。2014年4月25日曹某被取保候审。同时,曹某违规占用公司资金,自资金占用行为发生至2014年4月28日期间,N公司未履行信息披露义务。

N公司董事会秘书兼财务总监作为信息披露负责人,未能恪尽职守、履行诚信勤勉义务,对上述违规行为负有重要责任。股转公司对N公司及其董事会秘书采取了自律监管措施。

与此同时,N公司的主办券商——N证券未能在1月22日披露的公开转让说明书中对上述重大事项进行披露,其在申报稿截止日到首次信息披露日期间的补充尽调程序存在瑕疵,在N公司挂牌后,N证券未能督导N公司及时履行信息披露义务以及完善公司治理。因此,股转公司对N证券采取了自律监管措施。

股转公司负责人表示,考虑到此次N公司及相关主体违规行为情节较为严重、性质较为恶劣,而且涉及到多个违规行为和违规主体,为了区分不同主体的责任,体现监管措施的差异性,股转公司对本次违规事项中的不同责任主体作了区分,分别给予了纪律处分和相应的自律监管措施。

2. 违规处罚或监管措施

股转公司表示,N公司的上述行为违反了《全国中小企业股份转让系统业务规则(试行)》第1.5条、4.1.1条及《全国中小企业股份转让系统信息披露细则》第46条的规定。同时,公司董事会秘书兼财务总监作为信息披露负责人,未能恪尽职守、履行诚信勤勉义务,违反了《全国中小企业股份转让系统业务规则(试行)》第1.5条的规定,对上述违规行为负有重要责任。

鉴于N公司及相关当事人的上述违规事实和情节,根据《全国中小企业股份转让系统业务规则(试行)》第6.1条的规定,股转公司对N公司及其董事会秘书采取了自律监管措施。

N证券未能在1月22日披露的公开转让说明书中对上述重大事项

进行披露,尽调程序存在瑕疵,违反了《全国中小企业股份转让系统持续督导券商管理细则(试行)》第26条以及《全国中小企业股份转让系统持续督导券商尽职调查工作指引(试行)》第2条、第3条的规定。

此外,在N公司挂牌后,N证券未能督导N公司及时履行信息披露义务以及完善公司治理,违反了《全国中小企业股份转让系统业务规则(试行)》第1.6条、第5.7条,以及《持续督导券商管理细则》第29条的规定。鉴于上述违规行为,根据《全国中小企业股份转让系统业务规则(试行)》第6.1条的规定,股转公司对N证券采取自律监管措施。

随后,N公司也连发了两则自查公告,对本事件的调查进展做了充分说明。

附:挂牌企业的自查公告文件

《N公司公告》

关于公司控股股东占用资金的进展公告本公司及董事会全体成员保证公告内容的真实、准确和完整,没有虚假记载、误导性陈述或者重大遗漏,并对其内容的真实性、准确性和完整性承担个别及连带法律责任。

一、基本情况

N公司控股股东、董事长、总经理曹某于2013年12月从公司借款10,316,300.07元,上述借款事项发生时未经公司董事会、股东大会决议程序,未及时向主办券商报告,未履行信息披露义务。就此事项,公司于2014年4月28日在全国中小企业股份转让系统披露《关于公司控股股东占用资金的公告》,且截至2014年4月28日,曹某已归还欠款4,388,309.9元,尚欠5,927,990.17元。

二、借款原因

因公司控股股东、董事长、总经理曹某以个人资产为公司的银行贷款提供抵押担保,致使曹某无个人资产进行抵押融资,用以归还其2013年12月到期的个人银行贷款,于是从公司借款10,316,300.07元。

三、最新进展

截至2014年5月14日,曹某已归还全部借款本金10,316,300.07元,并支付以银行同期贷款利率计算的利息166,078.52元。上述事项未给公司现金流及正常的生产经营造成重大不利影响。公司将进一步加强公司治理,完善内控制度及信息披露制度,严格执行全国中小企业股份转让系统及公司的各项规则制度,避免类似事件再次发生。

特此公告!

N公司董事会
2014年5月20日

附:挂牌企业的占用资金公告文件

《N公司关于公司控股股东占用资金的公告》

本公司及董事会全体成员保证公告内容的真实、准确和完整,没有虚假记载、误导性陈述或者重大遗漏,并对其内容的真实性、准确性和完整性承担个别及连带法律责任。

N公司控股股东、董事长、总经理曹某于2013年12月从公司借款10,316,300.07元,上述借款事项发生时未经公司董事会、股东大会决议程序,未及时向主办券商报告,未履行信息披露义务。2014年4月25日,在对公司进行年报披露前的核查工作时,主办券商发现上述问题,要求公司及相关人员及时进行整改,并履行相关信息披露义务。经主办券商督导,公司及控制股东曹某认识到该行为违反了《全国中小企业股份转让系统业务规则(试行)》、《全国中小企业股份转让系统挂牌企业信息披露细则(试行)》、《N公司章程》、《N公司关联交易管理办法》等规定。

现控股股东曹某已归还欠款4,388,309.9元,尚欠5,927,990.17元。就公司治理的不规范和未履行信息披露义务的问题,本公司及控制股东曹某特向公众致歉,并承诺以后不再发生类似事件。同时,公司将进一步加强公司治理,完善内控制度及信息披露制度,严格执行全国中小企业股份转让系统的各项规则制度,以避免类似事件发生。

特此公告!

N 公司董事会

2014 年 4 月 28 日

3. 案例分析

挂牌企业控股股东违规占用资金的行为动机,一般来讲,主要可以归纳为以下几个方面的原因:

1) 控股股东自身的原因。由于一些特殊情况,控股股东本身急需一笔资金进行周转,从而导致违规占用挂牌企业的资金;

2) 控股股东关联企业的原因。由于种种原因,与挂牌企业控股股东相关联的企业出现了经营困难或者其他问题,控股股东通过从挂牌企业挪用资金去弥补关联企业的需求,从而导致违规占用挂牌企业的资金;

3) 并购重组过程中的资金缺口。当挂牌企业实施并购重组之时,控股股东为了改变其亏损的现状,从而违规占用挂牌企业的资金去"急人之难",动用不该动用的资金去用作并购重组之用;

4) 国内外会计制度的不同所导致的资金占用。虽然经过多年的市场经济的发展,我国会计制度已经大部分与国际接轨,但是,由于社会环境和经济发展阶段的不同,两者之间或多或少会存在一定的差异。而这些差异,也常常会导致控股股东在进行海外交易时,形成违规占用挂牌企业资金的问题;

5) 挂牌企业高管或者控股股东转移资产。挂牌企业的实际控制人或经营层的高管团队对企业本身有着充分的了解,而作为我国优秀中小企业的代表,挂牌企业通常会拥有一定的优质资产,还有着较为便捷的融资渠道,这也就给一些心存歹念之人提供了便利和机会,希望通过违规手段来侵占挂牌企业的资金。

N 公司大股东借款原因,公司方面解释为:因曹某以个人资产为公司的银行贷款提供抵押担保,致使曹某无个人资产进行抵押融资,用以归还其2013年12月到期的个人银行贷款,于是从公司借款。此行为也体现了新三板违规占用资金的特点,用业内人士的话来讲就是"简单粗暴"。

与上市公司利用票据通道等多方式占用资金的行为不同的是,挂牌企业违规占款的手段往往都比较的简单,都是直接挪用、借贷等形式。出现这种情况,主要还是由于挂牌企业大多是中小企业,治理结构和内控制度等不够完善,股东和董秘等对公众公司的规章制度不够熟悉。

事实上,从证监会本轮专项查处过程中我们可以发现,挂牌企业控股股东违规占用资金问题非常严重,亟须慎重对待。重点还是需要改变目前挂牌企业股权过于单一的股权结构现状。由于股权过于集中,其余股东的话语权很小,企业往往是一人说了算,制定的规章制度都形同虚设,无法真正起到监督控股股东的作用,导致虽然有完整的治理体系和内控制度,但实施起来却障碍重重。而除去股权集中的原因外,督导机构的持续督导力度不够也是违规占用资金频繁发生的重要原因。

4. 案例启示

(1) 优化挂牌企业的股权结构

如案例分析所述,一股独大的股权结构成为控股股东违规占用挂牌企业资金的重要原因之一。那么,未来我们应该在挂牌企业的股权结构上下文章,通过制度设计和市场的完善,打破目前股权过于集中的局面,让股权变得相对集中或相对分散。例如,可以通过股权转让、增发、配股等多种融资形式减少控股股东的持股比例,提升其余股东的持股比例,让企业其他利益相关方具有话语权,实现监督和制衡控股股东的局面。只有当权力相对分散之后,才能避免目前出现的内控和治理体系形同虚设的现状。但作为正在快速成长期的挂牌企业来讲,股权也不应太过于分散,这样会提升运营的成本,过多的利益相关方容易让小企业丢掉商业机会。

与此同时，也可以效仿更为发达的欧美资本市场，大力发展机构投资者加入到新三板市场，让机构投资者成为挂牌企业的主要股东之一。一般而言，机构投资者更加注重长期利益，有参与到公司治理的动机。有了动机和平台，作为更为专业的机构投资者，对公司治理的监督将会大大降低控股股东谋求一己之私的可能性。

(2) 完善挂牌企业的治理结构

现代企业制度形成的治理结构既能提升企业的运营效率，也能大大降低监督成本。因此，完善的治理结构能够让企业内部的违规行为大大减少。而新三板挂牌企业目前的情况是，许多企业有着完备的治理体系，这也是能够顺利挂牌所必须的，但是，该治理体系在很多挂牌企业中完全无法发挥应有的功效。一方面，由于股权高度集中，导致股东大会、董事会、监事会都变成了一言堂；另一方面，挂牌企业管理人员对于资本市场的缺乏了解，对公众公司应当遵守的规章制度不熟悉。所以，我们不仅要完善挂牌企业的治理体系，让现代治理结构能够真正发挥监督作用，还要加大对公司管理人员有关资本市场的培训，让他们都熟知非上市公众公司需要遵守的规章制度，如《证券法》、《会计法》等。

(3) 提高大股东的违规行为成本

从惩罚的角度来看，大量同类型违规行为的发生与对此类行为的处罚力度不强有很大关系。目前，对挂牌企业违规占用资金的惩罚措施主要是约见谈话、归还所占用的资金，并未让违规者受到与其对市场产生的负面影响相匹配的惩罚，这是导致控股股东违规占用资金行为屡禁不止的重要原因。因此，监管层应该加大对违规占用资金的惩罚，加强对违规者的教育。

完善惩罚措施可以说是一个系统工程，要完善各相关的法律法规制度，从发现机制、惩罚机制、保护机制三方面入手来打造一个规范化的违规处罚体系。

从发现违法违规行为的方面来看，应该要增强利益相关群体在遭受损失之后主动寻求法律保护的动机，加大外部监督力量，可适当引入企业声誉机制,以此来制约控股股东的违法违规行为。

从惩罚机制来看,应该要完善诉讼程序,可以效仿美国的团体诉讼模式,即通过某一专业性强的机构(如律师事务所)牵头负责对控股股东的诉讼,防止中小投资者数目过多,诉讼个体过于分散。同时加大处罚力度,细化处罚的条例。

从保护机制来看,我们应该加大对投资者的保护,通过非营利性的自律协会组织,为投资者提供专业的服务,让遭受损失的投资者能够获得应有的赔偿。同时也应该加大对媒体等公众监管群体的保护,让他们具有合法的身份来对挂牌企业实施监督,降低证券监管机构的监管压力,提升对挂牌企业的监管力度。

(四)案例 15:O 公司董事长屡次挪用公司资金还债

1. 案情介绍[①]

O 公司成立于 2010 年 1 月,主营业务为户外广告收入、游戏网站等。2014 年 11 月,O 公司在新三板市场正式挂牌,现注册资本为 5,868.78 万元。

受原董事长王某占用公司巨额资金影响,O 公司 2015 年经营活动产生的现金流量净额大幅减少,较上期的 507.46 万元减少了 1,336.52%。2016 年 5 月,O 公司实际控制人王某因占用资金前往公安局自首,随后引发了多米诺骨牌效应:多位公司高管离职,遭追讨数千万债务,一张张法院传票送达。

2016 年 4~5 月,通过 O 公司、审计机构和大连证监局的多方核查发现,O 公司董事长(控股股东)王某在 2015 年度累计占用资金高达 1.86

---

① 本案例案情主要转载于《新浪财经》,详情请见:http://finance.sina.com.cn/roll/2016-08-10/doc-ifxuxhas1503532.shtml

亿元。除去偿还部分，截至年底尚欠公司 6,607.7 万元。这起始发于 4 月份的实际控制人占款案件，在 O 公司 6 月和 8 月份披露的 9 份涉诉公告中，逐步还原出王某是如何通过公司名义举借外债，进而达到占用资金的目的，并在事迹败露后，公司遭遇多方债主集体起诉讨债。自王某占款事发后，O 公司成立了债权债务核查小组，根据债权人的申报情况，结合债权人主张债权时提供的证据，统计公司或有负债金额。

经统计，O 公司或有负债合计金额约 6,504.2 万元，均为王某以公司名义对外借款，款项全部落入王某私人账户。作为 O 公司的控股股东，在公司担任董事长兼总经理职务的王某取得公章并不困难。但令人吃惊的是，O 公司的内控制度几近于无，对于王某频繁动用公章进行借款的行为毫无约束。

2015 年，O 公司营业收入为 3,498.83 万元，净利润为 -18.47 万元。就这样一家营收水平低，盈利能力弱的公司，董事长一年来前前后后利用公司信用，以各种另类方式，像刷信用卡一样"透支"了将近 1.9 亿元，O 公司竟无一高管有所察觉。而最后还是其持续督导券商 O 证券在督导 2015 年度报告过程中，发现了公司存在关联方占用资金的情况，由此揭开了这场大型悲剧的大幕。

2. 违规处罚或监管措施

O 公司于 2016 年 5 月收到大连监管局《行政监管措施决定书》，大连证监局认为，O 公司的上述行为违反了《非上市公众公司监督管理办法》第十四条的相关规定，决定对 O 公司采取责令改正的监督管理措施，责令 O 公司积极配合主办券商和会计师事务所进行认真的清查核对，并立即采取措施全额追回被控股股东占用的资金，保证公司资产的完整和安全。

附：对挂牌企业的监管措施文件

《关于对 O 公司采取责令改正措施的决定》

根据《关于开展非上市公众公司资金占用情况专项检查的通知》要

求,我局近期对你公司进行了资金占用情况专项检查,发现你公司存在控股股东占用公司资金的问题。

经查,在2015年度和2016年1~3月你公司控股股东及实际控制人存在通过指使基层员工借用备用金和以预付款名义向其个人实际控制的其他公司转款等方式频繁占用公司资金的情况,经初步调查2015年末占用金额不低于4,000万元。

上述行为违反了《非上市公众公司监督管理办法》第十四条的相关规定,我局决定对你公司采取责令改正的监督管理措施,你公司应积极配合主办券商和会计师事务所进行认真的清查核对,立即采取措施全额追回被控股股东占用的资金,保证公司资产的完整和安全。

你公司应引以为戒,严格执行资金管理使用的审批程序,采取有效措施防止股东及其关联方以各种形式占用或者转移公司资金、资产及其他资源,杜绝此类问题再次发生。

你公司应当在收到本决定书之日起30日内向我局提交书面整改报告,我局对你公司的整改情况进行跟踪检查。

如果对本监督管理措施不服的,可以在收到本决定书之日起60日内向中国证券监督管理委员会提出行政复议申请,也可以在收到本决定书之日起3个月内向有管辖权的人民法院提起诉讼,复议与诉讼期间上述监督管理措施不停止执行。

大连证监局

随后,O公司针对大连证监局的监管措施立即进行了回复,发布了整改公告。

附:O公司整改情况公告

《O公司关于资金占用整改情况公告》

O公司控股股东及实际控制人、公司董事长兼总经理王某通过备用金、借款等方式形成占用公司资金，O公司目前正在接受证监会大连证监局的问询和专项检查，公司实际控制人王某占用的资金将于三个月内归还。公司董事会、监事会和高级管理层已充分认识到此问题的严重性，对此进行了深入的讨论和分析：

1. 控股股东及实际控制人王某凌驾于内部控制制度智商，内控制度运行失效，占用资金的形式隐蔽，董事会秘书及高管均对上述情况并不知情；

2. 公司原董监高全部由公司发展初期股东选举产生，董事会、监事会成员力量较为薄弱，未能真正形成三会一层相互制衡的局面，导致实际控制人权力较为集中；

3. 公司各项内控制度仍处于不断修订和完善的过程中，公司董监高对制度的理解和执行也处在不断学习和掌握的过程中，这些都将导致公司治理机制欠缺，内控制度不能有效执行；

4. 从控股股东、实际控制人层面，法律意识不强，公私部分，影响到公司人员独立性；

5. 公司财务负责人没有做好财务内部控制和资金管理，财务管理制度建设不健全，防范财务风险意识不强；

6. 公司信息披露负责人未能及时关注和发现公司实际控制人资金占用行为，未切实履行审议程序和信息披露义务。

针对以上分析结果公司全体董事、监事、高管研究，特制定出以下整改措施：

1. 公司控股股东、实际控制人出具并签署《承诺函》，承诺彻底解决资金占用问题；

2. 完善公司内控制度，制定了公司《防范控股股东或实际控制人及其关联方资金占用管理制度》；修改完善公司《财务管理制度》，新增备用金管理规定，规定主要内容"单笔临时备用金的额度不得超过5万元，一个公司累计临时备用金的额度不得超过20万元"等内容；

3. 调整此事直接责任人和相关岗位责任人的公司职务。调整董事长兼总经理王某总经理职务,继续留任公司董事长职务,公司在整改措施经董事会、监事会审议通过后两个月之内重新聘任职业经理人担任公司总经理职务,在新任总经理未上任之前暂由王某继续行使总经理职权;

4. 加强证券业法律法规学习和培训,提高公司董监高法律合规意识;

5. 设定整改期限。

以上整改措施均在本公告发布之日起两个月内完成,并予以公告。

公司通过本次事件,董事、监事、高管层充分认识到了完善公司内部控制和信息披露制度的重要性,进一步提高了对公司实际控制人及关联方占用公司资金情况的防范意识。即日起,控股股东、实际控制人承诺严格执行内控制度及全国中小企业股份转让系统各项规则制度,完善公司治理机制,及时履行信息披露义务,确保此类事项不再发生。公司将针对存在的问题进行持续整改,使公司治理更上一个台阶。

公司自本公告发布之日起每7天发布一次资金占用整改进展。

特此公告。

O公司董事会

3. 案例分析

本案例的特点是,股权特别分散(违规的控股股东董事长王某也仅持有10%多的股权),这与前述案例差异较大,但分散的股权结构却没能阻止王某持续占用公司资金的行为;而本案的另一"奇葩"之处在于,原董事长王某长期、多次占用公司资金,却一直未有监管或审计机构出面来指出,直至最后王某自己去公安局自首,才牵出了这一隐藏了多年的犯罪事实。也许正如O公司的自述,控股股东能够只手遮天,以公济私,源头全在于公司内控制度运行失效,导致公司实际控制人权力集中,凌驾于内部控制制度之上。O公司用如此巨大的代价换回的教训,值得所有挂牌企业管理人员铭记:内控和管理工作一刻不可松懈。

4. 案例启示

(1) 完善内控与治理体系

内控与治理体系是现代企业运营的核心基石。但在王某的屡次违规面前,O公司的内控体系如同虚设,形如透明,这才壮大了王某的胆,让其不断地占用企业资金,损害其他股东利益,直至其自身都无法承受该违规行为所带来的压力,才主动去公安机关自首。因此,我们不得不再次强调,完善的企业内控与治理体系是降低管理层违规行为发生概率的最有效方式。

(2) 提高外部监管力度

发展外部监管力量可以在很大程度上减少监管层的压力,这些外部监管机构包括律师事务所、会计师事务所、行业协会等其他自律组织,通过这些外部机构的监管,加大市场监管力度,减少监管成本。在发展外部监管的过程中,我们一方面要给予外部监管的合法地位,通过相关法律法规制度来规定外部监管的范围和适用对象;另一方面要搭建好一个公正开放的平台,让外部监管机构能通过有效途径快速纠正挂牌企业的违法违规行为;同时,通过制度规范外部监管机构的监管行为,防止外部监管机构滥用职权。

(五) 案例16: P公司未披露关联方占用公司资金

1. 案情介绍[①]

P公司成立于1998年5月,主营业务为污水处理工程业务、污水处

---

① 本案情介绍主要转载于《21世纪经济报道》,详情请见:http://epaper.21jingji.com/html/2015-12/23/content_28162.htm

理设备业务等。2014年9月,P公司在新三板市场正式挂牌,现注册资本为10,752.24万元。

2015年12月,P公司收到江苏证监局出具的行政监督措施决定书。江苏证监局指出,"2014年11月25日至2015年7月8日,凌某及其关联方P1公司、尚某等累计占用P公司及其全资子公司P2,以及孙公司P3资金总额9,180万元,至2015年10月底,占用资金余额为280万元,P公司未对该关联方资金占用事项进行披露。"

根据P公司2014年报披露,"凌某2014年度共借用公司资金1,303.58万元,截至2014年12月31日借用资金余额为1,178.23万元,上述借款事项发生时未经公司董事会、股东大会决议程序,未及时向持续督导券商报告,因此未履行信息披露义务。凌某已将上述借款归还,该项借款未对公司经营造成重大不利影响。"

根据P公司2015半年报披露,"凌某截至2014年12月31日借用资金余额1,178.23万元,已于2015年4月27日前将上述借款归还并承诺以后不再发生类似事件。"这份半年报披露的时间是2015年8月26日,但是按照江苏证监局的调查显示,"至2015年10月底,凌某的占用余额还有2,579.75万元"。

此外,P公司的关联方凌某某(凌某的姐姐)、凌某的父母也存在违规占用P公司资金的行为。可见,凌某承诺以后不再发生的类似事件还是在P公司屡次发生。大股东占款本身就是公司治理结构的缺陷,如果在主观上进行隐瞒就更需要监管层进行严厉处罚。

2. 违规处罚或监管措施

P公司的上述行为违反了《非上市公众公司监督管理办法》第十四条和第二十条的规定,股转系统对P公司采取了自律监管措施,依据《非上市公众公司监督管理办法》第五十六条、第六十二条的规定,股转公司责令P公司、凌某立即停止上述违法违规行为,并予以改正,同时向证监局提交书面整改报告。

附：对挂牌企业的书面整改报告文件

《关于对 P 公司、凌某采取责令改正措施的决定》

P 公司、凌某：

经查，我局发现，P 公司在全国中小企业股份转让系统挂牌以来存在以下违法行为：

一、2014 年 9 月 12 日至 2015 年 10 月 30 日，P 公司实际控制人凌某累计占用该公司及其全资子公司 P1 公司、P2 公司，以及 P3 公司资金 6,684.47 万元，至 2015 年 10 月底，占用余额为 2,579.75 万元。P 公司除在 2014 年报中对凌某占用公司资金的余额 1,178.23 万元披露外，未对其他占用资金事项进行披露。

二、2014 年 11 月 25 日至 2015 年 7 月 8 日，P1 公司、尚某、凌某等关联方累计占用 P 公司及其全资子公司，以及孙公司资金 9,180 万元，至 2015 年 10 月底，占用资金余额为 280 万元，P 公司未对该关联方资金占用事项进行披露。

上述行为违反了《非上市公众公司监督管理办法》第十四条和第二十条的规定，凌某作为 P 公司的董事长，是公司信息披露违法行为的第一责任人。

依据《非上市公众公司监督管理办法》第五十六条、第六十二条的规定，现责令 P 公司、凌某立即停止上述违法违规行为，并予以改正。P 公司、凌某应当在 2015 年 12 月 31 日前向我局提交书面整改报告，我局将组织检查验收。

如果对本监督管理措施不服的，可以在收到本决定书之日起 60 日内向中国证券监督管理委员会提出行政复议申请，也可以在收到本决定书之日起 6 个月内向有管辖权的人民法院提起诉讼。复议与诉讼期间，上述监督管理措施不停止执行。

江苏证监局

2015 年 12 月

3. 案例分析

P 公司 2014 年报显示实际控制人尚欠公司约 1,178 万元,其中 521 万元是为代缴实际控制人股份转让溢价产生的个人所得税,其余 657 万元就无法分清到底是实际控制人用于垫付项目前期费用,还是实际控制人的日常支出。P 公司在公告里也承认,相关往来款项已经构成了实际控制人的资金占用。

公告中也明确相关事项未经公司董事会、股东大会决议程序,也未及时向主办券商报告,亦未履行信息披露义务。关于相关的借款,2014 年的借款余额在 2015 年 4 月时已经还清,2015 年的借款 11 月还清则应该属于整改措施之一。从公告中,我们没看到实际控制人支付给公司借款利息事宜。

跟实际控制人资金占用不同,P 公司对关联方资金占用则基本披露为借款,并且公告中也披露了借款协议以及相关利息支付情况。上述借款事项发生时也未经公司董事会、股东大会决议程序,未及时向主办券商报告,未履行信息披露义务。

根据 P 公司提供的"占款实际情况说明",P 公司 2015 年签订了多个 BOT 项目,且海外项目发展顺利,需要投入大量资金。P 公司也想通过定增来支持企业的发展,由于种种原因资金未能顺利到位。2015 年 6 月以来,受经济大环境的影响,当地违约担保及倒闭的企业逐渐增多,银行贷款程序更加严谨。2015 年下半年银行减少了 P 公司约 4,000 万元贷款资金。在各种压力下,P 公司董事长凌某迫于无奈,通过短期占用 P 公司的账户资金来防止银行的抽贷及其他风险。尽管 P 公司提供了"占款实际情况说明",仍无法改变 P 公司及其实际控制人凌某的违规的事实。

4. 案例启示

(1) 积极拓宽挂牌企业的融资渠道

中小企业是市场经济体制的重要组成部分,对中国的经济增长作出了突出贡献,但目前融资难仍是困扰中小企业发展的重要因素之一。P 公司"大股东与关联方的占款问题"背后凸显的是中小企业融资难的困境,凌某的出发点也是为了 P 公司的长期发展和规避公司风险、保护广大股东的权益。虽然这样做也是迫不得已,但仍然违反了相关规定。因此,采用多种方式拓宽挂牌企业融资渠道,有助于解决控股股东违规占用公司资金的问题。

(2) 完善内外部监管环境

控股股东能够随意占用挂牌企业的资金,一个重要原因是监管还不够完善。一方面,由于挂牌企业数量的激增,监管机构没有足够的人手和精力去监督 9,000 多家挂牌企业;另一方面,大部分的中小股东有"搭便车"的动机,都希望能够在不花费成本的情况下,由其他股东去监督控股股东的行为。因此,我们应该要大力拓展监督者们的群体范围,营造良好的内外部监管环境。从挂牌企业内部来讲,需要提升相关专业人士的专业素养和职业道德,通过开展技能培训,让他们从内部监督控股股东的行为;从外部来看,可以发展外部监督力量,如提升中小股东监督挂牌企业的积极性,或设法引入外部监督机制,让公众媒体对挂牌企业进行监督,还可以加强对中介机构的培训和督促,让他们能够更加尽职尽责,从专业的角度来认真审查控股股东的资金占用行为。

(六) 案例 17:Q 公司关联交易违规占用公司资金

1. 案情介绍

Q 公司成立于 2009 年 5 月,主营业务为培南类中间体、环酸等。2015 年 4 月,Q 公司在新三板市场正式挂牌,现注册资本为 9,800 万元。

2015 年 6 月,Q 公司宣布了一项定向增发方案,根据公司公告所披露的《股票发行方案》,该定向增发的用途是扩大公司生产规模,补充公司流动资金。Q 公司在完成定增后,将相关款项作为借款借予了 Q1 公司,借款总额为4,355万元,Q公司和Q1公司还签订了借款协议。但在借款之后,Q公司又改变了主意,拟将其对Q1公司的债权转为股权。

根据Q公司2015年11月发布的《对外投资暨关联交易公告》显示,Q公司在其对Q1公司的借款到期时,提出拟将债权转为股权。Q公司前期共向Q1公司提供了4,355万元借款,Q公司拟将其中的3,960万元用来认缴Q1公司的股权、成为Q1公司的股东。具体的股权认缴方案为:1,584万元对Q1公司增资(Q1公司拟从5,000万元增资至6,584万元),2,376万元作为购买Q1公司股份的溢价计入资本公积。这一股权认缴方案完成后,Q公司将持有Q1公司的24.06%股份,成为Q1公司的重要股东之一。

关于这笔借款转为投资,据Q公司自己表示,是因为在借款给Q1公司之前就已经有了投资意向,Q公司为实现向医药行业进军,选择投资Q1,但鉴于Q1公司的相关项目处于建设阶段,资产尚不能满足审计和评估的条件,对挂牌企业而言直接投资不符合相关规定。为了保障Q1公司相关项目建设的进度,Q公司才通过借款方式先行支持Q1公司发展。

2. 违规处罚或监管措施

Q公司本次债转股的行为违反了《非上市公众公司监督管理办法》,主要是违规使用了定向增发的募集资金,并形成关联方资金占用,存在程序上的违规行为。河南证监局责令Q公司改正上述违规行为,并要求公司董事、监事、高级管理人员应认真学习证券法律法规,及时对公司存在的违规行为提出切实可行的整改措施和计划,并向河南证监局提交书面整改报告。

附:对挂牌企业的行政监管措施文件

《关于对Q公司实施责令改正措施的决定》

Q公司:

经查,我局发现你公司存在以下资金被关联方占用问题:

Q1公司系你公司实际控制人谢某关系密切家庭成员控制的企业。2015年7月31日至2015年8月8日,你公司通过银行转账的形式将公司2015年6月定向增发所募集资金2,150万元借给Q1公司使用;通过开具承兑汇票的形式将公司自有资金1,810万元借给Q1公司使用。以上两项资金占用合计3,960万元,至今未归还。以上行为违反了《非上市公众公司监督管理办法》第十四条的规定。

按照《非上市公众公司监督管理办法》第五十六条的规定,我局责令你公司在2016年6月30日前改正上述违规行为。同时你公司董事、监事、高级管理人员应认真学习证券法律法规,对以上问题提出切实可行的整改措施和整改计划,并在2016年4月20日前向我局提交书面整改报告。

如果对本监督管理措施不服的,可以在收到本决定书之日起60日内向中国证券监督管理委员会提出行政复议申请,也可以在收到本决定书之日起6个月内向有管辖权的人民法院提起诉讼。复议与诉讼期间,上述监督管理措施不停止执行。

河南监管局
2016年3月28日

3. 案例分析

Q公司定向增发的资金用途是扩大公司生产规模,补充公司流动资金,但最终却将该笔资金用于企业之间的借贷,特别是Q1公司还与Q公司实际控制人存在关联关系,表明Q公司在资金募集和关联交易上存在违规行为。Q公司对Q1公司的借款,从操作程序上,应当严格遵守Q公司章程,履行对募集资金使用等相关审批程序和信息披露义务后才可实施。尤其是,本次债转股属于Q公司对Q1公司的关联交易,Q公司更应该按照关联交易法规要求规范操作流程。

此外,Q公司对Q1公司的债转股行为,从交易公允性来看,Q1公司如果在审计和评估流程上无法过关的话,挂牌企业考虑到其公众公司的属性,应慎重对此类存在较大风险的公司及项目进行投资决策,而不应由管理层草率地将借款直接转化为投资。

4. 案例启示

(1) 募集资金使用应合法合规

对挂牌企业而言,定增所募集资金主要是为了提升公司盈利,投资者也期待定增款项能"增以致用"。但如果挂牌企业在融资款项到账后,随意更改定增资金用途,则造成了募集资金的使用违规。所以,挂牌企业应保持募集资金的实际使用与定增计划一致。而持续督导券商也应监督和指导挂牌企业正确使用定增募集资金。

(2) 挂牌企业应规范关联交易

涉及关联交易时,挂牌企业应严格按照关联交易相关的法律法规要求,及时履行审批程序和信息披露义务,保证关联交易的公允性,保护企业和股东的利益不受损。

(3) 挂牌企业应重视对外投资的风险

对外投资是一件比较严肃而认真的事情,挂牌企业在对外投资之前必须履行相关的审计和评估手续,而不能依照自己的喜好的判断随意进行选择。

同时,挂牌企业的持续督导券商应在整个流程中对挂牌企业的对外投资进行指导,对拟投资项目审核的每一个阶段都需要进行严格把关,除了挂牌企业提问之外,持续督导券商还应及时主动跟进挂牌企业的相关投资活动,对其合法合规性进行评估和提醒,尽到持续督导的义务。

(七) 案例 18:R 公司违规担保案

1. 案情介绍

R 公司成立于 2008 年 3 月,主营业务为钽铌产品销售、来料加工业务等。2015年5月，R公司在新三板市场正式挂牌，现注册资本为5,520万元。

其违规行为主要包括两个：一是未经过公司审核和公开披露等流程，就对没有关联关系的第三人提供担保，虽然名义上公司并没有出资，但实际上这种不正当担保的行为也属于资金占用的一种；二是通过向控股公司汇款中转后转入董事、总经理桂某的私人账户中，形成了资金占用。

2015年1月，R公司的董事长、法定代表人彭某，会同自然人温某一起，向自然人赵某借款3,200万元，借款期限为半年。根据借款协议，该笔借款做了连带担保，连带担保责任人包括：彭某实际控制的挂牌企业R公司、公司董事桂某、梁某和非关联方温某、R1公司、R2公司等六方，对借款提供担保的范围为：合同项下借款本金、利息、违约金及原告实现债权的费用。

该笔借款应当于2015年7月13日到期。但还款期限到期后，彭某和温某并没有依约定归还本息。在多次催还无果的情形下，赵某向江西省宜春市中级人民法院申请财产保全。由于该案财产保全申请的相关事实和证据较为明晰，江西省宜春市中级人民法院受理申请后裁定，"冻结彭某、温某、桂某、梁某、R1、R2及R公司民间的银行存款4,500万元或查封他们同等价值的财产。该裁定书送达后立即执行"。因此，在财产保全裁定出具后，连带担保的相关主体资金就被冻结，这其中就包括了R公司和其董事、总经理桂某。

除此之外，赵某还向法院提出诉讼。要求彭某偿还借款本金3,200万元，以及按合同约定逾期产生的复利、20%的违约金1,300万元，合计4,500万元；同时，提供担保的R公司、桂某、梁某等六方承担连带担保责任。

据了解，彭某安排R公司作为借款担保人的事宜，并未履行董事会和股东大会的审批程序，在借款安排担保事宜时也从未与持续督导券商及时沟通，在借款完成后也没有及时按照信息披露要求披露其借款和担保情形。因此,彭某的这一行为,构成了利用挂牌企业进行违规担保的违规行为,同时也是隐性的挂牌企业资金占用行为。

除了不合规担保式的资金占用,R公司还存在间接转账给桂某形成资金占用的情况。据R公司的公开说明显示,2015年6月29日,R公司成立全资子公司R3公司。2015年8月7日,R公司将投资款2,000万元打入R3账户,而后R3公司则在收到款项后的一周内,直接将其中的1,980万元汇出。实际上这1,980万元是划给了桂某。桂某在收到资金后,于2015年12月31日前归还了挂牌企业35万元,但仍有1,945万元未能归还。

所以,本案指向的是两部分的资金占用,一部分是彭某的借款所导致的隐型占用,资金额为彭某借款3,200万元加1,300万元的利息和违约金,共计4,500万元;另一部分则是中转汇出到桂某的资金占用,资金额为桂某借款1,980万元,减去其归还的35万元,共计1,945万元。

2. 违规处罚或监管措施

R公司案件由于尚在处理中,相关监管机构还未对外公布最后处罚决定。

3. 案例分析

(1) 隐性占用挂牌企业资金

隐性占用挂牌企业资金的行为是通过一个较为隐蔽的方式,来达到当事人实际想占用资金的目的。本案中,当事人通过借款,利用挂牌企业作为连带责任担保人,试图从公开信息披露角度规避占用资金的违规行为,但只要实际控制人的借款产生纠纷,挂牌企业担保的相关事宜也是很容易暴露在公众面前的。

因此,隐性占用资金的方式不可取。如果需要挂牌企业对外提供担保,应当履行正当程序,对应相应担保标准,通过公司董事会、股东大会审核,并形成正式决议后,在股转公司公开信息披露平台进行信息披露。

必须要确保整个对外担保的流程合法合规,以保障挂牌企业投资人的正当利益。

(2) 通过控股公司转账方式实施资金占用

在本案中,同时存在两种资金占用的方式,除了实际控制人通过挂牌企业为自己借款以外,公司董事兼总经理桂某通过另一种方式转移了资金——挂牌企业通过全资子公司中转后将资金汇入桂某的个人账户。这种资金占用较为明显,通过银行转账记录可以看到,挂牌企业将"投资款"转到全资子公司后,全资子公司直接将其中大部分资金未经审批等流程直接再汇入了桂某的账户中。虽然经过了全资子公司中转,但实际上仍然是占用了挂牌企业的资金。

同时,R公司表示:"在股转公司组织的资金占用情况专项自查过程中,因公司财务总监处于休假状态,普通财务人员疏漏R3的资金占用状况,故导致自查报告及前期公告中未能完整披露公司的资金占用情况。"无论这一说法合理与否,1,980万元的资金划拨都没有专门的监管、控制流程予以规范,这本身就是需要公司反思的重大问题,公司应当继续加强内控、优化财务管理制度。

4. 案例启示

(1) 加强挂牌企业对外用印的核查

本案中董事长彭某通过担保形式的隐性资金占用是很难在实践操作中发现的,与总经理桂某间接转账不同的是,资金担保并不需要挂牌企业对外汇出资金,因此在操作中非常隐蔽。当事人在需要挂牌企业担保时,只需要挂牌企业的公章、法定代表人签字等手续,当法定代表人为了自身利益选择为挂牌企业进行担保时,在用印流程较为便利的前提条件下,就可能出现隐性资金占用的情况。

因此,对于挂牌企业而言,对外用印应当设置严格的控制流程,防止出现利用公司印章加上法定代表人就能出现对外担保的情形。公司应当按照相关法律法规的要求,进一步完善印章使用规定,明确不当使用印章的惩罚措施,防止出现通过印章等就轻易达到资金占用的情形。

(2) 优化挂牌企业担保流程的制度

一般来说,挂牌企业的章程中会详细规定:公司对外担保金额达到一定程度的担保应该由董事会审议审批,或是由股东大会审议,但在实务中相关公司的内部流程又无法对抗"善意第三人",在借款人发生欠款等纠纷事宜时,只要当时的担保协议对第三人而言是材料齐备的,那么该担保应当被视为成立,除非有证据证明出借方与借款人串通一气骗取挂牌企业资金。所以,挂牌企业应当做好制度设计,避免出现随意为挂牌企业设立担保的情形。

(3) 加强对外汇出资金的管控,保护投资者利益

通常情况下,母公司对子公司资金的管控力度都不是很强,挂牌企业无法控制通过子公司渠道对外转账和汇款。所以,公司高管通过子公司转账而形成资金占用变得相对简单。

对挂牌企业而言,为了保障公司和投资人的合法利益不受侵犯,子公司汇款要经过严格的审批流程,在有明确的决议、审核结果的基础上,明确向子公司汇款的实际用途,并对汇入子公司账户的一定额度以上的资金,进行跟踪,防止出现资金占用的现象。

(八) 案例 19:S 公司关联方违规占用资金

1. 案情介绍

S 公司成立于 2008 年 3 月,主营业务为通信工程服务、技术服务等。2014 年 1 月,S 公司在新三板市场正式挂牌,现注册资本为 9,693.33 万元。

S 公司于 2014 年 1 月到 2015 年 7 月与控股股东、实际控制人方某、关联人方女士、方小姐和邵某发生了多笔资金拆借,方女士、方小姐都是方某的姐姐,邵某是方某妻子的哥哥。案情具体情况如下:①2014 年 7

月1~3日,公司支付给方某8,500,000元,应收资金占用费62,876.71元;②2014年1月27日,公司支付给方女士3,568,000元,应收资金占用费98,470.69元;③2014年1月27日,公司支付给方小姐3,396,000元,应收资金占用费85,969.97元;④2015年7月27日,公司支付给邵某5,000,000元,应收资金占用费16.44元。

虽然,截至2016年4月6日关联方均已还清上述占款并缴清资金占用费,但是根据《非上市公众公司监督管理办法》第十四条、《全国中小企业股份转让系统业务规则》(试行)4.1.4的规定,以上资金占用属于违规占用公司资金。

此外,上述资金占用情况未作临时公告,公司临时报告未披露上述控股股东、实际控制人及其关联方占用公司资金事项。在信息披露问题上违反了《非上市公众公司监督管理办法》第二十条、《全国中小企业股份转让系统挂牌企业信息披露细则(试行)》第四十六条的规定。

江西监管局根据《非上市公众公司监督管理办法》的规定,对S公司、S公司董事长方某、财务负责人魏某采取出具警示函的监管措施,并要求采取有效措施杜绝相关违规占用资金的情况再次发生,维护公司的利益。

2. 违规处罚或监管措施

公司于2016年4月5日收到江西证监局出具的《关于对S公司及相关人员采取出具警示函措施的决定》,警示函督促S公司切实采取有效措施杜绝控股股东及其关联方违规占用公司资金、资产及其他资源,维护公司利益。要求S公司及时补充披露上述资金占用问题,并在规定时间内提交书面报告,以备检查验收。

在收到监管警示函后,S公司及时做了说明,发布了关于公司实际控制人、关联方占用公司资金进展的公告,以及控股股东及其他关联方占用资金情况审核报告。

附：对挂牌企业的监管警示函文件

《关于对S公司及相关人员采取出具警示函措施的决定》

S公司、公司董事长方某、财务负责人魏某：

经查，我局发现你公司存在以下问题：

一、公司控股股东、实际控制人及其关联方存在资金占用情况。具体包括：（一）2014年7月1~3日，公司向控股股东、实际控制人方某支付850万元，后于2014年8月14日归还。（二）2014年1月27日，公司向方女士支付356.8万元，方女士于2014年6月30日归还321.9万元，2014年11月19日还清；2014年1月27日，公司向方小姐支付339.6万元，方小姐于2014年6月30日归还。方女士、方小姐是公司控股股东、实际控制人方某的姐姐。（三）2015年7月27日，公司向邵某支付500万元，邵某于2015年7月28日归还。邵某是公司控股股东、实际控制人方某妻子的哥哥。

二、资金占用情况未作临时公告。公司临时报告未披露上述控股股东、实际控制人及其关联方占用公司资金事项。

你公司上述实际控制人及其关联方资金占用问题违反了《非上市公众公司监督管理办法》第十四条、《全国中小企业股份转让系统业务规则》(试行)4.1.4的规定；信息披露问题违反了《非上市公众公司监督管理办法》第二十条、《全国中小企业股份转让系统挂牌企业信息披露细则(试行)》第四十六条的规定。

根据中国证监会《非上市公众公司监督管理办法》的相关规定，我局对你公司、公司董事长方某、财务负责人魏某采取出具警示函的监管措施，并提醒你公司切实采取有效措施杜绝控股股东及其关联方违规占用公司资金、资产及其他资源，维护公司利益。你公司应于4月11日前补充披露上述资金占用问题。

你公司应当在2016年4月30日前向我局提交书面报告，我局将组织检查验收。

如果对本监督管理措施不服,可以在收到本决定书之日起60日内向我会(中国证券监督管理委员会)提出行政复议申请,也可以在收到本决定书之日起6个月内向有管辖权的人民法院提起诉讼。复议与诉讼期间,上述监督管理措施不停止执行。

江西证监局

2016年4月1日

3. 案例分析

就本案而言,S公司向关联方出借资金的行为属于直接占用挂牌企业资金的违规行为,损害了S公司和中小股东的利益。方某、方女士、方小姐、邵某等四人具有直系亲属关系,四人与公司的任何交易都构成关联交易。关联交易需要严格履行规定的审议程序,包括关联方回避表决、交易条件公允、履行信息披露义务。本案中的关联交易未及时提交董事会、股东大会审议,未履行相应的信息披露义务,因此不管其关联交易是否占用公司资金,S公司都违反了相关法律法规。

S公司在江西证监局查出存在违规占用公司资金问题后,做出了一系列的整改行为,召开了董事会,对该关联交易事项进行补充确认并发布相关公告。截至2016年4月,关联方均已还清上述占款并缴清资金占用费。因此,本案在江西证监局出示警示函后,监管层并没有采取进一步的处罚措施。

4. 案例启示

本案中的关联方资金占用属于偶发性关联交易,但S公司没有履行相关的审批决策程序,也未及时进行信息披露。造成该违规行为的主要原因是S公司的合规意识不强。

新三板挂牌企业绝大多数属于中小企业,许多经营管理者缺乏对新三板市场法律法规的深入理解。在企业没有挂牌前,企业主、大股东或者关联企业之间的借款行为普遍存在,他们并不认为此借款行为有何不妥。因此,为了防范类似违规事件的发生,挂牌企业应组织股东、董事、监事及高管认真学习相关的法律法规,严格遵守《公司法》《公司章程》,维护公司财产的完整和安全,保护投资者利益,尤其是中小股东利益。

(九) 相关法律法规梳理

1.《公司法》

第二十条 公司股东应当遵守法律、行政法规和公司章程,依法行使股东权利,不得滥用股东权利损害公司或者其他股东的利益;不得滥用公司法人独立地位和股东有限责任损害公司债权人的利益。

公司股东滥用股东权利给公司或者其他股东造成损失的,应当依法承担赔偿责任。

第二十一条 公司的控股股东、实际控制人、董事、监事、高级管理人员不得利用其关联关系损害公司利益。

违反前款规定,给公司造成损失的,应当承担赔偿责任。

第一百四十七条 董事、监事、高级管理人员应当遵守法律、行政法规和公司章程,对公司负有忠实义务和勤勉义务。

董事、监事、高级管理人员不得利用职权收受贿赂或者其他非法收入,不得侵占公司的财产。

第一百四十八条 董事、高级管理人员不得有下列行为:

1) 挪用公司资金;

2) 将公司资金以其个人名义或者以其他个人名义开立账户存储;

3) 违反公司章程的规定,未经股东会、股东大会或者董事会同意,将公司资金借贷给他人或者以公司财产为他人提供担保;

4) 违反公司章程的规定或者未经股东会、股东大会同意,与本公司订立合同或者进行交易;

5) 未经股东会或者股东大会同意,利用职务便利为自己或者他人谋取属于公司的商业机会,自营或者为他人经营与所任职公司同类的业务;

6) 接受他人与公司交易的佣金归为己有;

7) 擅自披露公司秘密;

8) 违反对公司忠实义务的其他行为。

董事、高级管理人员违反前款规定所得的收入应当归公司所有。

第一百四十九条 董事、监事、高级管理人员执行公司职务时违反法律、行政法规或者公司章程的规定,给公司造成损失的,应当承担赔偿责任。

2.《全国中小企业股份转让系统业务规则(试行)》

第1.5条 申请挂牌企业、挂牌企业及其他信息披露义务人、持续督导券商应当真实、准确、完整、及时地披露信息,不得有虚假记载、误导性陈述或者重大遗漏。申请挂牌企业、挂牌企业的董事、监事、高级管理人员应当忠实、勤勉地履行职责,保证公司披露信息的真实、准确、完整、及时、公平。申请挂牌企业、挂牌企业及其他信息披露义务人、持续督导券商依法披露的信息,应当第一时间在全国股份转让系统指定信息披露平台公布。

第1.6条 全国股份转让系统实行持续督导券商制度。持续督导券商应当对所推荐的挂牌企业履行持续督导义务。

第4.1.1条 挂牌企业应当按照法律、行政法规、部门规章、全国股份转让系统公司相关业务规定完善公司治理,确保所有股东,特别是中小股东享有平等地位,充分行使合法权利。

第4.1.4条 控股股东、实际控制人及其控制的其他企业应切实保证挂牌企业的独立性,不得利用其股东权利或者实际控制能力,通过关联交易、垫付费用、提供担保及其他方式直接或者间接侵占挂牌企业资金、资产,损害挂牌企业及其他股东的利益。

第5.7条 主办券商应持续督导所推荐挂牌企业诚实守信、规范履行信息披露义务、完善公司治理机制。

主办券商与挂牌企业解除持续督导协议前,应当报告全国股份转让系统公司并说明理由。

第6.1条 全国股份转让系统公司可以对挂牌企业董事、监事、高级管理人员、持续督导券商、股东等监管对象,采取约见谈话;出示警示函等自律监管措施。

第6.3条 申请挂牌企业、挂牌企业的董事、监事、高级管理人员违反本业务规则、全国股份转让系统公司其他相关业务规定的,全国股份转让系统公司视情节轻重给予处分,并记入诚信档案。(一)通报批评;(二)公开谴责;(三)认定其不适合担任公司董事、监事、高级管理人员。

3.《非上市公众公司监督管理办法》

第十四条 公众公司应当采取有效措施防止股东及其关联方以各种形式占用或者转移公司的资金、资产及其他资源。

第二十条 公司及其他信息披露义务人应当按照法律、行政法规和中国证监会的规定,真实、准确、完整、及时地披露信息,不得有虚假记载、误导性陈述或者重大遗漏。公司及其他信息披露义务人应当向所有投资者同时公开披露信息。

第五十六条 中国证监会依法对公司进行监督检查或者调查,公司有义务提供相关文件资料。对于发现问题的公司,中国证监会可以采取责令改正、监管谈话、责令公开说明、出具警示函等监管措施,并记入诚信档案;涉嫌违法、犯罪的,应当立案调查或者移送司法机关。

4.《全国中小企业股份转让系统信息披露细则》

第四十六条 挂牌企业出现以下情形之一的,应当自事实发生之日起两个转让日内披露:(一)控股股东或实际控制人发生变更;(二)控股股东、实际控制人或者其关联方占用资金;(三)法院裁定禁止有控制权的大股东转让其所持公司股份;(四)任一股东所持公司5%以上股份被质押、冻结、司法拍卖、托管、设定信托或者被依法限制表决权;(五)公司董事、监事、高级管理人员发生变动;董事13长或者总经理无法履行职责;(六)公司减资、合并、分立、解散及申请破产的决定;或者依法进入破产程序、被责令关闭;(七)董事会就并购重组、股利分派、回购股份、定向发行股票或者其他证券融资方案、股权激励方案形成决议;(八)变更会计师事务所、会计政策、会计估计;(九)对外提供担保(挂牌企业对控股子公司担保除外);(十)公司及其董事、监事、高级管理人员、公司控股股东、实际控制人在报告期内存在受有权机关调查、司法纪检部门采取强制措施、被移送司法机关或追究刑事责任、中国证监会稽查、中国证监会行政处罚、证券市场禁入、认定为不适当人选,或受到对公司生产经营有重大影响的其他行政管理部门处罚;(十一)因前期已披露的信息存在差错、未按规定披露或者虚假记载,被有关机构责令改正或者经董事会决定进行更正;(十二)主办券商或全国股份转让系统公司认定的其他情形。发生违规对外担保、控股股东或者其关联方占用资金的公司应当至少每月发布一次提示性公告,披露违规对外担保或资金占用的解决进展情况。

第六十二条　信息披露义务人及其董事、监事、高级管理人员,公司控股股东、实际控制人,为信息披露义务人出具专项文件的证券公司、证券服务机构及其工作人员,违反《证券法》、行政法规和中国证监会相关规定的,中国证监会可以采取责令改正、监管谈话、出具警示函、认定为不适当人选等监管措施,并记入诚信档案;情节严重的,中国证监会可以对有关责任人员采取证券市场禁入的措施。

5.《全国中小企业股份转让系统挂牌券商管理细则(试行)》

第二十六条　主办券商应对申请挂牌企业进行尽职调查,并在全面、真实、客观、准确调查的基础上出具尽职调查报告。

第二十七条　主办券商应设立内核机构,负责审核股份公司股票挂牌申请,并在审核基础上出具内核意见。

第二十九条　主办券商应持续督导所推荐挂牌企业诚实守信、规范履行信息披露义务、完善公司治理机制。主办券商应配备合格专业人员,建立健全持续督导工作制度,勤勉履行审查挂牌企业拟披露的信息披露文件、对挂牌企业进行现场检查、发布风险警示公告等督导职责。

6.《全国中小企业股份转让系统挂牌券商尽职调查工作指引(试行)》

第二条　尽职调查是指主办券商遵循勤勉尽责、诚实守信原则,以形成有利于投资者做出投资决策的信息披露文件为目的,对公司进行调查,以有充分理由确信:(一)公司符合《全国中小企业股份转让系统业务规则(试行)》规定的挂牌条件;(二)公开转让说明书中所披露的信息真实、准确和完整。

第三条　本指引是对主办券商尽职调查工作的一般要求。主办券商应按照本指引要求,认真履行尽职调查义务。除对本指引已列示的一般性内容进行调查外,主办券商还应根据公司的具体情况,对其在公开转让说明书中应披露的、足以影响投资者决策的其他事项进行调查。除本指引已列示的调查方法外,主办券商可针对具体调查事项,采用其他适当的调查方法进行调查。

(十)部分挂牌企业控股股东违规占用资金案例统计

表15　部分挂牌企业控股股东违规占用资金案例统计

处罚或监管措施时间	公司证券名称	监管对象名称	监管对象类别	监管措施	违规行为类别	出具处罚或监管措施的机构
2015/12/18	凌志环保	凌志环保	挂牌企业	责令改正	违规占用公司资金	江苏证监局
2016/4/5	金达莱环保	廖志民	高管	约谈	违规占用公司资金	江西证监局

续表

处罚或监管措施时间	公司证券名称	监管对象名称	监管对象类别	监管措施	违规行为类别	出具处罚或监管措施的机构
2016/4/5	金达莱环保	陶琨	高管	约谈	违规占用公司资金	江西证监局
2016/4/5	金达莱环保	邓红云	高管	约谈	违规占用公司资金	江西证监局
2016/4/5	唐人通信	唐人通信	挂牌企业	出具警示函	违规占用公司资金	江西证监局
2016/4/5	唐人通信	方某	高管	出具警示函	违规占用公司资金	江西证监局
2016/4/5	唐人通信	魏玉荣	高管	出具警示函	违规占用公司资金	江西证监局
2016/4/5	圣尼特	圣尼特	挂牌企业	约谈	违规占用公司资金、未按规定披露信息	江西证监局
2016/4/5	圣尼特	杨晓明	高管	约谈	违规占用公司资金、未按规定披露信息	江西证监局
2016/4/5	圣尼特	刘景泉	高管	约谈	违规占用公司资金、未按规定披露信息	江西证监局
2016/4/5	广蓝传动	广蓝传动	挂牌企业	出具警示函	违规占用公司资金、未按规定披露信息	江西证监局
2016/4/5	广蓝传动	李金平	高管	出具警示函	违规占用公司资金、未按规定披露信息	江西证监局
2016/4/5	广蓝传动	曾兴莲	高管	出具警示函	违规占用公司资金、未按规定披露信息	江西证监局
2016/4/5	广蓝传动	温九梅	高管	出具警示函	违规占用公司资金、未按规定披露信息	江西证监局
2016/4/1	伟力盛世	伟力盛世	挂牌企业	出具警示函	违规占用公司资金	天津证监局

续表

处罚或监管措施时间	公司证券名称	监管对象名称	监管对象类别	监管措施	违规行为类别	出具处罚或监管措施的机构
2016/4/1	伟力盛世	路海涛	高管	出具警示函	违规占用公司资金	天津证监局
2016/6/15	皇品文化	皇品文化	挂牌企业	出具警示函	违规占用公司资金、未按规定披露信息	福建证监局
2016/6/15	皇品文化	黄灿明	高管	出具警示函	违规占用公司资金、未按规定披露信息	福建证监局
2016/6/15	文鑫莲业	文鑫莲业	挂牌企业	责令改正	违规占用公司资金、未按规定披露信息	福建证监局
2016/6/15	文鑫莲业	帅金高	高管	出具警示函	违规占用公司资金、未按规定披露信息	福建证监局
2016/7/5	特耐工程	特耐工程	挂牌企业	出具警示函	违规占用公司资金	河南证监局
2016/7/5	百逸达实业	百逸达实业	挂牌企业	出具警示函	违规占用公司资金	河南证监局
2016/7/5	凯雪冷链	凯雪冷链	挂牌企业	出具警示函	违规占用公司资金	河南证监局
2016/7/5	天祥新材料	天祥新材料	挂牌企业	出具警示函	违规占用公司资金	河南证监局
2016/7/5	华丽纸业	华丽纸业	挂牌企业	责令改正	违规占用公司资金	河南证监局
2016/3/30	民正农牧	民正农牧	挂牌企业	出具警示函	违规占用公司资金	河南证监局
2016/3/28	嘉瑞高科	嘉瑞高科	挂牌企业	责令改正	违规占用公司资金	河南证监局

资料来源：证监会

第七章

违规使用募集资金

(一) 违规使用募集资金的释义

挂牌企业通过首发、配股、增发所获得的募集资金都必须按照规定合理使用,任何违反规定使用募集资金的行为,都可以看作是违规使用募集资金。募集资金使用的违规可分为两类:一是募集资金的实际用途,它不能违背挂牌企业在募集资金时所公开的招股、配股和增发中的承诺,不能随意变更募集资金的用途,一旦有变更,必须履行股东大会批准等程序;二是对于使用募集资金相关信息的披露,必须及时和准确(见表16)。

表16 募集资金使用用途及相关要求

募集资金用途	《股票发行问答(三)》规定的信息披露要求
用于补充流动资金	应当结合公司目前的经营情况、流动资金情况,说明补充流动资金的必要性和测算的过程
用于偿还银行贷款	应当列明拟偿还贷款的明细情况,披露募集资金偿还贷款对挂牌企业经营和财务状况的影响
用于项目建设	应当结合项目立项文件、工程施工预算、采购协议及其他资金使用计划,量化说明资金需求和资金投入安排
用于股权收购	应当对标的资产与挂牌企业主业的相关程度、协同效应进行说明,列明收购后对挂牌企业资产质量及持续经营能力的影响

续表

募集资金用途	《股票发行问答(三)》规定的信息披露要求
用于购买非股权资产(是指构成可独立核算会计主体的经营性资产)	发行前挂牌企业应当与交易对方签订合同或协议,在发行方案中披露交易价格,并有审计报告或者资产评估报告的支持
挂牌企业发行股份购买资产构成重大资产重组并募集配套资金	挂牌企业应当从以下方面进行说明,包括但不限于: (1) 挂牌企业前次募集资金金额、具体用途及剩余资金安排; (2) 本次配套募集资金与本次重组事项的相关性,募集资金金额是否与挂牌企业及标的资产现有生产经营规模、财务状况相匹配等; 独立财务顾问应当对募集资金用途、合理性、必要性进行核查并发表明确意见
其他用途	应当明确披露募集资金用途、资金需求的测算过程及募集资金的投入安排

资料来源:股转公司

(二) 违规行为的惯用手法

1. 未按规定使用募集资金

挂牌企业在招股(或者配股、增发)说明书中需要作出对所募集资金用途的承诺,正常情况下,是不应该变更募集资金的用途。不过现实情况是,有些企业对所投资项目的可行性分析较为草率,导致项目后期难以实施,以致不得不更改募集资金的使用用途;而另一种情况则是监管层需要重点查处的,即当初在招股(或者配股、增发)时,企业的实际控制人就是为了圈钱而募资,一旦募资完成,则不再履行承诺,随意更改募集资金的使用用途。

2. 未按要求进行信息披露

按照《全国中小企业股份转让系统股票发行业务指南》的要求,当挂牌企业使用募集资金时,需要及时对所使用资金的用途、金额等信息进行公开披露。只有做到及时、如实公开,才能充分保证投资人的利益。然而,部分挂牌企业由于种种原因,经常会遗漏信息披露环节,这其中有人员操作的失误,也不乏故意而为之。但不管动机如何,该行为本身都违反了信息披露相关规章制度。

3. 未履行规定的审批程序

按照《全国中小企业股份转让系统股票发行业务指南》的要求,挂牌企业应当设立各项事务的规章制度,所有对挂牌企业会产生重大影响的事项,都应该严格按照规章制度,通过规范的流程,获得董事会、股东大会审核通过后执行。因此,当挂牌企业打算变更募集资金的使用用途时,需要按照公司章程经董事会、股东大会表决通过后,才能执行。否则,即属于违规行为。

(三) 案例 20:T 公司取得股份登记函之前使用发行募集的资金

1. 案情介绍[①]

T 公司成立于 1999 年 6 月,主营业务为公务工作艇、军用特种艇等。2015 年 8 月,T 公司在新三板市场正式挂牌,现注册资本为 6,767.63 万元。

---

① 本案情分析主要借鉴于《和讯网》,详情请见:http://funds.hexun.com/2016-06-17/184458369.html

回溯公司公告,2015年8月,T公司披露定增预案,公司计划11~12.5元价格定增646.4万股股票,预计募资8,080万元用于投入研发等。最终方案显示,共11家资产管理计划或私募基金认购了上述定增股份。

2016年6月16日,股转公司发布了《关于给予T公司自律监管措施的决定》。公告中称,T公司于2015年8月6日启动股票发行,自2015年11月24日至2015年12月1日期间,共计使用募集资金48,390,834.48元,用于支付采购款、付承兑汇票、归还借款及支付员工工资等,且未予归还。上述行为系取得股份登记函之前使用发行募集的资金,属于募集资金使用违规行为。而T公司也立刻对股转公司的公告予以回应,表示承认错误,吸取教训,今后将提升公司规范化运作水平,防止此类情况再发生。

2. 违规处罚或监管措施

T公司于2015年8月6日启动的股票发行,在尚未取得股份登记函的情况下,提前使用了募集资金,此举构成了股票发行违规。对此,股转公司根据《全国中小企业股份转让系统业务规则(试行)》第6.1条与《全国中小企业股份转让系统业务规则(试行)》第三十条的规定做出如下决定:对T公司采取约见谈话、提交书面承诺的自律监管措施,要求公司董事长施某、董事会秘书黄某于2016年6月14日前往股转公司接受谈话。

附:对挂牌企业的行政处罚文件

《关于给予T公司自律监管措施的决定》

当事人:T公司,法定代表人施某。

经查明,你公司存在如下违规行为:你公司于2015年8月6日启动的股票发行,自2015年11月24日至2015年12月1日期间,共计使用募集资金48,390,834.48元,用于支付采购款、付承兑汇票、归还借款及支付员工工资等,且未予归还。上述行为系取得股份登记函之前使用发行募集的资金,违法了《全国中小企业股份转让系统股票发行业务指南》第1条的规定,属于股票发行违规行为。

鉴于上述违规事实,根据《全国中小企业股份转让系统业务规则(试行)》第6.1条与《全国中小企业股份转让系统业务规则(试行)》第三十条的规定,我司做出如下决定:

对你公司采取约见谈话、要求提交书面承诺的自律监管措施。现要求你公司董事长施某、董事会秘书黄某于2016年6月14日15:00时携带有效身份证件到我司6-6会议室接受谈话。同时,上述责任人员应当在收到自律监管措施决定书之日起5个转让日内,向我司提交书面承诺,承诺不再违反我司业务规则的相关规定。

股转公司
2016年6月3日

3. 案例分析

《全国中小企业股份转让系统股票发行业务指南》中第一条规定:挂牌企业在取得股份登记函之前,不得使用本次股票发行募集的资金。T公司在收到监管函后第一时间作出了回应,表示予以改正,并承诺会从中吸取教训不再违反此类规定。但回顾一下T公司的违规行为和过程,可以说是非常简单和低级的错误,只需要公司内控人员仔细审核一下,或者说T公司的督导券商认真督导即可避免。

从T公司2015年报中也能发现一些蛛丝马迹。根据年报披露,2015年度T公司的营业收入为174,723,750.29元,净利润为16,676,023.98元,与上一财报披露的结果相比,显然T公司在2015年底时就已经出现了资金紧张的问题。当2016年需要资金周转时,如T公司董事长所说"不得已"挪用了募集资金。本案例的问题关键牵涉两个方面:一个是挂牌企业内控制度的不健全,对募集资金使用的规章制度欠缺;另一个是督导券商督导不力,没有能够做到尽职尽责。

4. 案例启示

(1) 加强对募集资金使用的监管

监管机构通常采取自律监管措施，希望挂牌企业从自身出发，严格规范自己的行为，对募集资金的使用要制定严格审慎的规划，对每一笔募集而来的资金有着详细的使用清单，方便监管当局及其他利益相关群体监督。当发生募集资金用途变更时，必须按照公司章程通过董事会、股东大会审核，并且要在第一时间进行信息披露，让广大投资者能够快速获取与公司相关的重大信息。所以，对募集资金使用违规的监管，需要各方的共同努力，不仅仅是监管层的义务，挂牌企业本身、中介机构、中小投资者都应该要承担起一定的责任。

(2) 加大对募集资金违规使用的处罚

处罚方面，从目前的案例结果可以看出，对挂牌企业违规使用募集资金的处罚力度不够大、范围不够广。建议在处罚力度上，除了目前常用的约见谈话，可以适时增加一些经济处罚、行政处罚、声誉处罚等，甚至可以实施市场禁入。对那些多次违规使用募集资金的挂牌企业，在处罚期限内不得采用同样方式募集资金，且在下次允许融资时，要让它承受较其他挂牌企业更为严格的融资审核流程；处罚范围上，不仅要处罚挂牌企业，对于不够尽职尽责的中介机构，也应采取相应处罚措施。

（六）案例 21：U 公司提前使用募集资金购买理财产品

1. 案情介绍[①]

U 公司成立于 2001 年 4 月，主营业务为工程项目、高校实验室项目

[①] 本案情介绍主要转载自"新三板在线"发表的专题文章，详情见：http://mt.sohu.com/20160803/n462350772.shtml

等。2015年12月,U公司在新三板市场正式挂牌,现注册资本为2,374.0万元。

2016年8月,U公司就违规提前使用募集资金进行致歉。该公司坦白称,在提交股票发行备案至取得股份登记函期间,公司存在违规提前使用募集资金的情况。按U公司的资金募集计划,此次募集的资金将用于三个方面:公司产品研发与前沿技术开发、提升薪酬水平、补充公司流动资金。为了增加股票发行成功的筹码,U公司还给出了业绩对赌,U公司承诺:其2016年度扣除非经常性损益后净利润(不包含可能因股份支付对公司净利润的影响金额)不低于2,860万元。

几个"保证"下来,U公司这一次股票发行计划顺利进行。然而,在收到募集资金、拿到股票登记函之前,U公司已经迫不及待地开始准备购买各种理财产品。

就在2016年3月,U公司董事会审议通过,计划利用闲置自有资金进行委托理财。对于购买理财产品的原因,U公司称,为提高资金的使用效率,在不影响公司主营业务的正常发展,并确保公司经营需求的前提下,公司利用闲置资金购买理财产品获取额外的资金收益。5月,U公司动用1,000万元,完成对工商银行某稳步添利递增型理财产品的购买,所使用资金动用了本次股票发行募集资金996.37万元。

这一系列动作都发生在6月之前,也就是说,在使用募集资金去购买理财产品时,U公司还未拿到正式的股票登记函。其持续督导券商U证券在对U公司进行持续督导的过程中,发现公司上述违规使用募集资金后,于8月发布公告提醒投资者"近期公司存在治理风险及实际控制人不当控制风险"。同时,U证券进一步强调称已对U公司的违规行为进行纠正,并要求U公司实际控制人出具《承诺函》。

对于违规使用募集资金的举动,U公司称,在发行备案期间,公司对募集资金实施了专项管理,购买理财产品本意为获得在审核期内募集资金的利息收益。除了购买理财产品外,公司并未发生将募集资金用于支付供应商货款、发放工资或购买固定资产等实际支出性质的使用。U公司及时进行了自我纠正。

2. 违规处罚或监管措施

本案例的特殊之处在于,在证监会及其派出机构还未对 U 公司进行调查之前,U 公司就主动承认错误,并交代了整个违规的细节。直至本书截稿之日,监管当局也未给出监管处罚措施,因此,下文附上 U 公司的致歉公告。

附:U 公司致歉公告文件

关于违规提前使用募集资金的说明及致歉公告

本公司及董事会全体成员保证公告内容的真实、准确和完整,没有虚假记录、误导性陈述或者重大遗漏,并对其内容的真实性、准确性和完整性承担个别及连带法律责任。

一、具体事项

2016 年 3 月 30 日,公司在全国中小企业股份转让系统有限责任公司(以下简称"股转公司")指定的信息披露网站刊登了《股票发行认购公告》,约定缴款账户为中国建设银行深圳某支行。

至 2016 年 4 月 11 日止,某支行已收到全部认购款 9,963,663.86 元。2016 年 4 月 27 日,公司向股转公司提交了股票发行备案文件。2016 年 6 月 15 日,公司取得本次发行股份登记函。

在提交发行备案至取得股份登记函期间,公司存在违规提前使用募集资金的情况,具体情况如下:

2016 年 5 月 5 日,公司从某支行整笔划转 10,000,000.00 元(包含本次股票发行募集资金 9,963,663.86 元)至公司中国工商银行深圳市海王支行(以下简称"工行海王支行");

2016 年 5 月 6 日,公司将该 10,000,000.00 元整笔申购了工商银行 SZDL1301 稳步添利递增型理财产品(公司一直通过工行某支行购买工商银行 SZDL1301 理财产品,因此将募集资金从某支行划转至了工行某支行);

2016年5月23日,公司对上述10,000,000.00元理财产品连同其他存入本金共计10,150,000.00元进行了整笔赎回,并于2016年5月24日分两笔将上述款项全部转回至某支行。至此,募集资金已全部回笼至缴款账户。

截至2016年6月15日,除上述事项外,公司未再发生其他划转募集资金事宜。

公司在发行备案期间,对募集资金实施了专项管理,购买理财产品本意为提高审核期间募集资金的利息收益,并未发生将募集资金用于支付供应商货款、发放工资或购买固定资产等实际支出性质的使用,同时公司及时进行了自我纠正。但是,上述行为仍然违反《全国中小企业股份转让系统股票发行业务指南》第1条的规定。

二、致歉说明

公司对于上述违规提前使用募集资金事项给投资者造成不利影响深表歉意。

公司对以上事项进行内部培训和整改,公司实际控制人出具《承诺函》:"未来将严格遵守《公司法》、《证券法》、《非上市公众公司监督管理办法》、《全国中小企业股份转让系统业务规则(试行)》等法律法规、《公司章程》及公司内部制度规定,杜绝任何违规使用筹集资金的行为;本人将严格履行上述承诺事项,如本人违反承诺给挂牌企业及投资者造成损失的,由本人承担赔偿责任。"

公司将在今后的工作中严格按照《非上市公众公司监督管理办法》、《全国中小企业股份转让系统业务规则(试行)》、《证券法》等相关法律法规的规定,加强公司治理,提升公司规范运作水平。公司董事会及实际控制人对违规提前使用募集资金给投资者造成的不利影响再次诚挚致歉,并提醒广大投资者谨慎投资,注意投资风险。

特此公告。

U公司董事会
2016年8月1日

3. 案例分析

据不完全统计，2016上半年，近五分之一的挂牌企业发布了购买理财产品的公告。可以说，购买理财产品，有演变成挂牌企业进行投资最时髦的做法。当然，对于新三板中的挂牌企业而言，本身都处于企业发展的初期，对资金的需求正当时，通过理财来提升资金的使用效率，为企业今后的发展补充现金余额也是情理之中。购买理财产品虽然本身并不违规，但提前使用未被批准的募集资金购买理财产品，就属于违规行为。

违规使用募集资金行为的发生，很大一部分原因仍然是企业内控的缺失，企业没有规范化募集资金的使用，对公司高层随意使用募集资金无法有效地进行遏制。挂牌企业如果希望改变募集资金的使用用途，提高募集资金的使用效率，应当经过完整的审核流程：提交募集资金变更申请，经董事会、股东大会审核通过，监管当局批准使用后方能执行。另一方面，本案也说明监管层对募集资金使用的教育和培训还不够，没能够很好地引导挂牌企业将募集资金投入到真正需要投入的地方。

4. 案例启示

(1) 完善企业的治理和内控

许多企业的衰败和消亡都源自内控的失效。内控的失效很容易放大企业的风险，像U公司一样，在没通过合规流程的情况下私自提取募集资金来购买理财产品，如果最终发生了亏损，那么对投资者产生的损失会更大，不仅会影响该投资人今后对U公司的投资兴趣，还会影响到投资人对新三板市场的关注度。建议U公司尽快制定募集资金使用的规范化流程，建立完整的募集资金管理办法，严格管理募集资金的存储、使用和变更，并明确各部门和负责人对募集资金使用的审核权限。

(2) 加强对挂牌企业融资所募集资金投资标的的引导

企业进行融资的目的可以是多样化的，但应本着为促进企业发展、为投资者带来回报为目标,在进行募集资金投资标的选择之时,应该对项目的可行性分析做到充分细致,对预期的收益、风险做好度量,让项目的风险收益比在企业自身可承受的范围之内。另外,建议监管层尽量缩短审批流程,提高企业募集资金使用效率。

(七) 相关法律法规梳理

1.《证券法》

第十五条 公司对公开发行股票所募集资金,必须按照招股说明书所列资金用途使用。改变招股说明书所列资金用途,必须经股东大会作出决议。擅自改变用途而未作纠正的,或者未经股东大会认可的,不得公开发行新股。

第六十三条 发行人、挂牌企业依法披露的信息,必须真实、准确、完整,不得有虚假记载、误导性陈述或者重大遗漏。

第一百九十三条 发行人、上市公司或者其他信息披露义务人未按照规定披露信息,或者所披露的信息有虚假记载、误导性陈述或重大遗漏的,责令改正,给予警告,并处以三十万元以上六十万元以下的罚款。对直接负责的主管人员和其他直接责任人员给予警告,并处以三万元以上三十万元以下的罚款。

发行人、上市公司或者其他信息披露义务人未按照规定报送有关报告,或者报送的报告有虚假记载、误导性陈述或者重大遗漏的,责令改正,给予警告,并处以三十万以上六十万以下的罚款。对直接负责的主管人员和其他直接责任人员给予警告,并处以三万元以上三十万元以下的罚款。

发行人、上市公司或者其他信息披露义务人的控股股东、实际控制人指使从事前两款违法行为的,依照前两款的规定处罚。

第一百九十四条 发行人、上市公司擅自改变公开发行证券所募集资金的用途的,责令改正,对直接负责的主管人员和其他责任人员给予警告,并处以三万元以上三十万元以下的罚款。

发行人、上市公司的控股股东、实际控制人指使从事前款违法行为的,给予警告,并处以三十万元以上六十万元以下的罚款。对直接负责的主管人员和其他直接责任人员依照前款的规定处罚。

2.《全国中小企业股份转让系统股票发行业务指南》原则性规定

第四条 募集资金使用原则:挂牌企业在取得股份登记函之前,不得使用本次股票发行募集的资金。

第三十条 挂牌企业及其董事、监事、高级管理人员、股东、实际控制人及其他相关信息披露义务人,持续督导券商、会计师事务所、律师事务所及其他证券服务机构,违反本细则及有关规定的,全国股份转让系统公司依据《业务规则》等有关规定采取相应监管措施及纪律处分。

3. 全国中小企业股份转让系统业务规则(试行)

6.1 全国股份转让系统公司可以对本业务规则1.4条规定的监管对象采取下列自律监管措施:

(一)要求申请挂牌企业、挂牌企业及其他信息披露义务人或者其董事(会)、监事(会)和高级管理人员、持续督导券商、证券服务机构及其相关人员对有关问题作出解释、说明和披露;

(二)要求申请挂牌企业、挂牌企业聘请中介机构对公司存在的问题进行核查并发表意见;

(三)约见谈话;

(四)要求提交书面承诺;

(五)出具警示函;

(六)责令改正;

(七)暂不受理相关持续督导券商、证券服务机构或其相关人员出具的文件；

（八）暂停解除挂牌企业控股股东、实际控制人的股票限售；

（九）限制证券账户交易；

（十）向中国证监会报告有关违法违规行为；

（十一）其他自律监管措施。

（八）部分挂牌企业违规使用募集资金案例统计

表17　部分挂牌企业违规使用募集资金案例统计

处罚或监管措施的时间	公司证券名称	监管对象名称	监管对象类别	监管措施	违规行为类别	出具处罚或监管措施的机构
2015/8/18	七色珠光	七色珠光	挂牌企业	约谈	在提交股票发行备案材料前就使用募集资金	股转公司
2015/8/18	森瑞新材	森瑞新材	挂牌企业	约谈	在提交股票发行备案材料前就使用募集资金	股转公司
2015/8/27	金童股份	金童股份	挂牌企业	出具警示函	未按规定披露信息	股转公司
2015/8/27	金童股份	宋顺金	高管	出具警示函	未尽勤勉义务	股转公司
2015/9/22	华富股份	华富股份	挂牌企业	约谈	在提交股票发行备案材料前就使用募集资金	股转公司
2015/11/3	津宇嘉信	津宇嘉信	挂牌企业	约谈	在提交股票发行备案材料前就使用募集资金	股转公司

续表

处罚或监管措施的时间	公司证券名称	监管对象名称	监管对象类别	监管措施	违规行为类别	出具处罚或监管措施的机构
2015/11/3	华杰电气	华杰电气	挂牌企业	约谈	在取得股票发行登记函前就使用募集资金	股转公司
2015/11/23	易迅通	易迅通	挂牌企业	约谈	在取得股票发行登记函前就使用募集资金	股转公司
2015/12/7	安华生物	安华生物	挂牌企业	约谈	在取得股票发行登记函前就使用募集资金	股转公司
2016/2/2	晓沃环保	晓沃环保	挂牌企业	约谈	在取得股票发行登记函前就使用募集资金	股转公司
2016/3/11	崇峻股份	崇峻股份	挂牌企业	约谈	在取得股票发行登记函前就使用募集资金	股转公司
2016/4/15	华泰集团	华泰集团	挂牌企业	约谈	在取得股票发行登记函前就使用募集资金	股转公司
2016/4/21	康泰环保	康泰环保	挂牌企业	约谈	在取得股票发行登记函前就使用募集资金	股转公司
2016/4/26	腾冉电气	腾冉电气	挂牌企业	约谈	在取得股票发行登记函前就使用募集资金	股转公司
2016/4/26	意诚信通	意诚信通	挂牌企业	约谈	在取得股票发行登记函前就使用募集资金	股转公司
2016/4/21	禾美农业	禾美农业	挂牌企业	出具警示函	在取得股票发行登记函前就使用募集资金	股转公司
2016/4/28	吉事达	吉事达	挂牌企业	约谈、提交书面承诺	在取得股票发行登记函前就使用募集资金	股转公司
2016/4/29	科伦塑料	科伦塑料	挂牌企业	约谈	在取得股票发行登记函前就使用募集资金	股转公司
2016/2/17	宝银创赢	宝银创赢	挂牌企业	行政处罚	登记备案信息失真	证监会

续表

处罚或监管措施的时间	公司证券名称	监管对象名称	监管对象类别	监管措施	违规行为类别	出具处罚或监管措施的机构
2016/2/17	中逢昊	中逢昊	私募基金管理人	行政监管	资金募集行为违规	证监会
2016/2/17	华夏恒业	华夏恒业	私募基金管理人	行政监管	资金募集行为违规	证监会
2016/2/17	六宝	六宝	私募基金管理人	行政监管	资金募集行为违规	证监会
2016/2/17	威士曼惠世	威士曼惠世	私募基金管理人	行政监管	资金募集行为违规	证监会
2016/2/17	恒天财富	恒天财富	私募基金管理人	行政监管	资金募集行为违规	证监会
2016/2/17	新晋商	新晋商	私募基金管理人	行政监管	资金募集行为违规	证监会
2016/2/17	新晋商	赵笑长	高管	行政监管	资金募集行为违规	证监会
2016/2/17	新晋商	桂晋生	高管	行政监管	资金募集行为违规	证监会
2016/2/17	新晋商	杜怀让	高管	行政监管	资金募集行为违规	证监会
2016/2/17	中融金城	田亚斌	高管	行政监管	资金募集行为违规	证监会
2016/2/17	誉霖恒信	誉霖恒信	私募基金管理人	行政监管	资金募集行为违规	证监会
2016/2/17	鼎立资产	鼎立资产	私募基金管理人	行政监管	资金募集行为违规	证监会
2016/2/17	广州银闰	广州银闰	私募基金管理人	行政监管	资金募集行为违规	证监会
2016/2/17	广州安州	广州安州	私募基金管理人	行政监管	资金募集行为违规	证监会

续表

处罚或监管措施的时间	公司证券名称	监管对象名称	监管对象类别	监管措施	违规行为类别	出具处罚或监管措施的机构
2016/2/17	广州穗富	广州穗富	私募基金管理人	行政监管	资金募集行为违规	证监会
2016/2/17	凯石益正	凯石益正	私募基金管理人	行政监管	资金募集行为违规	证监会
2016/2/17	上海歌斐	上海歌斐	私募基金管理人	行政监管	资金募集行为违规	证监会
2016/2/17	上海盛宇	上海盛宇	私募基金管理人	行政监管	资金募集行为违规	证监会
2016/2/17	上海稳裕	上海稳裕	私募基金管理人	行政监管	资金募集行为违规	证监会
2016/2/17	宝银创赢	宝银创赢	私募基金管理人	行政监管	资金募集行为违规	证监会
2016/2/17	宝银创赢	崔军	高管	行政监管	资金募集行为违规	证监会
2016/2/17	湖北奥信	湖北奥信	私募基金管理人	行政监管	资金募集行为违规	证监会
2016/2/17	金赛银	金赛银	私募基金管理人	行政监管	资金募集行为违规	证监会
2016/2/17	汇朋联银	汇朋联银	私募基金管理人	行政监管	资金募集行为违规	证监会
2016/2/17	中科招商	中科招商	私募基金管理人	行政监管	资金募集行为违规	证监会
2016/2/17	中科招商	单祥双	高管	行政监管	资金募集行为违规	证监会
2016/2/17	陕西圣禹	陕西圣禹	私募基金管理人	行政监管	资金募集行为违规	证监会

(续表)

处罚或监管措施的时间	公司证券名称	监管对象名称	监管对象类别	监管措施	违规行为类别	出具处罚或监管措施的机构
2016/2/17	四川垚盛	四川垚盛	私募基金管理人	行政监管	资金募集行为违规	证监会
2016/2/17	太平洋产业	太平洋产业	私募基金管理人	行政监管	资金募集行为违规	证监会
2016/2/17	东达资产	东达资产	私募基金管理人	行政监管	资金募集行为违规	证监会
2016/2/17	以马内利	以马内利	私募基金管理人	行政监管	资金募集行为违规	证监会
2016/2/17	好买信	好买信	私募销售机构	行政监管	资金募集行为违规	证监会
2016/2/17	财富基石	财富基石	私募销售机构	行政监管	资金募集行为违规	证监会

资料来源：证监会，股转公司

第八章

定 增 违 规

(一) 定增违规的释义

定增违规从严格意义上来说并不算是一种违规的类型,而是属于一个时间段中存在的违规现象,即:在企业进行定向增发的过程中产生的违规行为。监管机构对新三板市场的定增监管较为严格,体现在定增发行股票和公司挂牌发行股票在监管要求上的差异不大。

(二) 定增违规的种类

1. 定增价格不符合规定

在定增中,定增价格是最受投资者关注的要素,也是其是否参与定增的决定性因素之一。按照监管规定,挂牌企业定增发行股票的价格存在一定区间,既不能低于每股净资产,又不能远超评估机构评估的价格。新三板市场之所以设了较高的投资门槛,就是为了保障参与的市场投资者大都是理性投资者,理性投资者在参与定增时会通过资产评估结果、公司前景等综合考量定增价格是否符合公司股票真正具有的内在价值。偏离合理价值的定增价格会受到监管或无人问津,因此,新三板市场的挂牌企业在定增时应当综合考虑各个要素,制定合理、合规的定增价格。

2. 股票发行不符合监管规则

按照证监会的监管要求，股转公司对股票发行有详细的规则和指引，在发行股票时，挂牌企业应当严格按照发行要求，在持续督导券商的指导下有序完成定增工作。

挂牌企业在发行股票的进程中需重视股票发行的规范操作，以在册股东人数的要求为例，挂牌企业向特定对象发行股票后股东累计不超过200人的，证监会豁免核准，由股转公司自律管理，超过200人的还需要由证监会进行备案管理。对于发行后股东累计不超过200人的，发行结束且办妥验资手续后，发行人应在十个工作日内向股转公司履行备案程序；而对于股东累计超过200人的，发行人就必须在股东大会通过发行相关议案后向证监会申请审批，获批后方能正式发行。因此，发行人应在计划发行股票前做好查询工作，合理预估在册股东人数是否具有超过200人的可能。根据相关规则，发行人及时查询截止到股东大会股权登记日的股东人数，以判断本次股票发行是否属于发行后股东人数超过200人的情形。

除此之外，其他一些规则诸如对赌条款必须予以披露、验资报告出具主体要符合相关规定、发行对象的投资者适当性认证、发行的优先权限等制度都应符合股转公司相关细则的规定，以避免在股票发行进程中出现不合规的情形而受到监管处罚或监管措施。

3. 定增进程时间安排不合规

根据股转公司相关发行细则的规定，股票发行依据发行对象是否事先确定可以被分为"已确定发行对象的发行"和"未确定发行对象的发行"。

对于"已确定发行对象的发行"，《发行细则》要求已确定的发行对象（现有股东除外）与发行人签署的认购协议应当经董事会批准，发行人应当在董事会召开前与各发行对象签署认购协议。这一时间节点必须符合规定。

对于"未确定发行对象的发行",《发行细则》要求董事会决议明确发行对象的范围、发行价格区间、发行价格确定办法、发行数量上限等各项要素。在此基础上,发行人向适格投资者进行询价,并根据报价情况确定具体的发行对象、发行价格和发行股数。在这一类股票发行中,认购协议的签订时间应当在股东大会之后(包括同日)。

如果发行人的一次发行中存在部分发行对象已事先明确而另一部分发行对象尚未明确的情况,发行人须在董事会召开前与已确定的发行对象签署认购协议,其余后续确定的发行对象的认购协议同样须在股东大会之后签署。

按照正常程序,股东大会通过发行议案后,发行人将在缴款期前披露股份发行认购公告,发行对象根据该公告的缴款安排进行缴款。在股东大会审议通过股票发行方案前,发行对象不能缴款验资。实际缴款时,不应存在实际缴款日期晚于认购期限的情形。如果发行对象未能在认购期内缴款,则发行人可以发布延期认购公告。

此外,一些连续发行之间的时间相隔的规定也限制了挂牌企业随意制定发行计划,拟连续发行股票的挂牌企业应当在前一次股票发行的新增股份登记手续完成后才能召开下一次董事会审议下一次股票发行方案。有的新三板挂牌企业在前一次股票发行新增股份登记手续未完成的情形下就启动第二次发行的董事会决策流程,不符合股转公司对发行时间的要求。

(三)案例 22:V 公司定增不符合监管要求

1. 案情介绍

V 公司创建于 1996 年,主营业务为服装服饰的生产与销售。2014

年10月,V公司正式在新三板市场挂牌转让,现注册资本1,500万元。

2015年12月23日,V公司召开董事会审议通过了一份股票定向增发的议案,并于2015年12月24日进行了披露。2016年1月11日,公司召开临时股东大会审议并通过了本次《股票发行方案》等相关议案,授权公司董事会办理股票发行相关事宜。

根据该股票发行的方案,V公司拟增发的股票价格为1.30元。而公司2015年12月31日经审计的每股净资产为1.46元,超过了本次股票发行每股1.30元的发行价格,这一定增价格不符合监管规定,因此,虽然其股东会决议通过了定增事宜,但仍被监管机构叫停,最终V公司通过再次召开股东会的方式否决了该定向增发计划。

2. 违规处罚或监管措施

从本案的情形来看,一方面挂牌企业在定增发行股票的过程中需要不断自查,同时督导券商等中介机构也应在整个定增过程中对流程进行核查,提出整改意见或建议;另一方面在出现可能违规的情形下,挂牌企业应当以谨慎、合规的操作思路为核心,避免被处罚或被监管。

由于公司定增计划在报股东大会审议时已经出现价格不合规的情形,因此当再次召开股东大会后被大会否决,也未进展到后续发行和打款等阶段,鉴于自纠及时,监管机构也未出具处罚或监管措施。

但如果V公司罔顾定增价格违规事实,继续推进定增计划并完成股票发行的话,很可能因违规而受到监管部门处罚。因此,通过股东大会的讨论,V公司最后决定终止发行的行为比较明智。

3. 案例分析

本次股份发行违规主要包括两方面,除了挂牌企业督导券商未就股票发行是否适用股份支付进行说明,另一个就是发行股份价格低于每股净资产。

(1) 持续督导券商股份支付说明

在股票发行中，有四类情况需要挂牌企业的督导券商对发行股票是否使用股份支付进行说明。这四类情况分别是①向公司高管、核心员工、员工持股平台或者其他投资者发行股票的价格明显低于市场价格或者低于公司股票公允价值的；②股票发行价格低于每股净资产的；③发行股票进行股权激励的；④股转公司认为需要进行股份支付说明的其他情形。

从 V 公司发行说明书可以得知，股份发行主要采取债转股的形式向公司四位股东定向发行，这四位股东分别为公司董事长丁某国、董事杨某、董事丁某龙和董事丁某明。其中丁某国与杨某系夫妻关系，其中丁某国与丁某龙系父子关系，杨某系公司、董事会秘书、财务总监，丁某明系公司董事。很显然无论是从股票发行价格低于每股净资产还是涉及向公司高管发行股票，都应适用股份支付的规定，V 公司应当根据规定进行说明。但是，V 公司始终没有对股份支付予以说明，一旦定增计划得以实施，发行股票文件中缺失了股份支付说明这一情况就构成了违规。

(2) 发行股份价格公平合理

按照《企业会计准则——基本准则》第二章第四条规定，以权益结算的股份支付换取职工提供服务的，应当以授予职工权益工具的公允价值计量；权益工具的公允价值，应当按照《企业会计第 22 准则号——金融工具确认和计量》确定；此外，按照《企业会计准则第 11 号——股份支付》的规定，发行价格低于公司每股净资产的需进行股份支付说明，挂牌企业股票的公允价值的论述应当充分、合理。因此，在股票发行价格低于公司每股净资产的情况下，V 公司很难做出发行股份价格公平合理的说明，最终本次股票发行计划被否。

4. 案例启示

(1) 挂牌企业应积极与券商沟通

企业在进行资本运作时，由于广泛涉及法律法规和实务操作的细节,需要中介机构提供专业咨询服务,所以挂牌企业应积极与持续督导券商保持沟通。股票发行过程中,定价是股票发行的核心要素,挂牌企业应当在券商的指导下确定公允的发行价格。

本案中,V 公司定增系家族企业债转股,不存在利益输送问题,在此情形下虽然 V 公司股票定增价低于净资产的情况并未损害其他人的合法利益。如果 V 公司能够与督导券商、会计师事务所等中介机构保持沟通,在督导券商的指导下,在会计师事务所专业协助下,很大程度上能避免因形式不合规而导致定增失败的后果。

(2) 加强公司财务人员专业水平

公司的股份发行方案是 V 公司在未能很好地计算公司年度净资产情况的背景下于 2015 年 12 月做出的,根据该发行方案,V 公司本次定增计划股票发行价格定为 1.3 元/股。2016 年年初,会计师事务所出具审计报告,V 公司方知其 1.46 元/股的每股净资产价格高于了其原定的定增发行价格。

如果公司在 2015 年 12 月可以较为精确地估算公司每股净资产,在股票发行定价过程中可能就不会发生股票发行价格低于公司净资产的情况。由此可见,加强公司财务人员专业能力建设,向公司管理层第一时间提供准确的财务数据,可以减少公司决策失误。

(四) 相关法律法规梳理

1.《股转公司股票发行业务细则》

第三条 挂牌企业股票发行,必须真实、准确、完整、及时、公平地披露信息,不得有虚假记载、误导性陈述或者重大遗漏。挂牌企业的控股股东、实际控制人、股票发行对象及其他信息披露义务人,应当按照有关规定及时向公司提供信息,配合公司履行信息披露义务。

第五条 挂牌企业、持续督导券商选择发行对象、确定发行价格或者发行价格区间,应当遵循公平、公正原则,维护公司及其股东的合法权益。

第六条 发行股票导致挂牌企业的控股股东或者实际控制人发生变化的,相关规定另行制定。发行股票购买资产导致重大资产重组,且发行后股东人数累计不超过200人的,相关规定另行制定。

第十二条 挂牌企业董事会作出股票发行决议,应当符合下列规定:

(一)董事会决议确定具体发行对象的,董事会决议应当明确具体发行对象(是否为关联方)及其认购价格、认购数量或数上限、现有股东优先认购办法等事项。认购办法中应当明确现有股东放弃优先认购股票份额的认购安排。

已确定的发行对象(现有股东除外)与公司签署的附生效条件的股票认购合同应当经董事会批准。

(二)董事会决议未确定具体发行对象的,董事会决议应当明确发行对象的范围、发行价格区间、发行价格确定办法、发行数量上限、现有股东优先认购办法等事项。

(三)发行对象用非现金资产认购发行股票的,董事会决议应当明确交易对手(应当说明是否为关联方)、标的资产、作价原则及审计、评估等事项。

(四)董事会应当说明本次发行募集资金的用途。

第十三条 董事会决议确定具体发行对象的,挂牌企业应当与相关发行对象签订附生效条件的股票认购合同。

前款所述认购合同应当载明该发行对象拟认购股票的数量或数量区间、认购价格、限售期,同时约定本次发行经公司董事会、股东大会批准后,该合同即生效。

第十四条 挂牌企业股东大会应当就股票发行等事项作出决议。

第十五条 挂牌企业股东大会审议通过股票发行方案后,董事会决议作出重大调整的,公司应当重新召开股东大会并按照第十四条的规定进行审议。

第十七条 董事会决议未确定具体发行对象的，挂牌企业及持续督导券商可以向包括挂牌企业股东、持续督导券商经纪业务客户、机构投资者、集合信托计划、证券投资基金、证券公司资产管理计划以及其他个人投资者在内的询价对象进行询价，询价对象应当符合投资者适当性的规定。

第十八条 挂牌企业及持续督导券商应当在确定的询价对象范围内接收询价对象的申购报价；持续督导券商应根据询价对象的申购报价情况，按照价格优先的原则，并考虑认购数量或其他因素，与挂牌企业协商确定发行对象、发行价格和发行股数。

现有股东优先认购的，在相同认购价格下应优先满足现有股东的认购需求。

第十九条 依据第十八条规定确定发行价格后，挂牌企业应当与发行对象签订正式认购合同，发行对象应当按照合同约定缴款。

第二十条 挂牌企业应当在股票发行认购结束后及时办理验资手续，验资报告应当由具有证券、期货相关业务资格的会计师事务所出具。

第二十一条 持续督导券商和律师事务所应当在尽职调查基础上，分别对本次股票发行出具书面意见。

第二十二条 挂牌企业在验资完成后十个转让日内，按照规定向全国股份转让系统公司报送材料，履行备案程序。

第二十三条 全国股份转让系统公司对材料进行审查，并根据审查结果出具股份登记函，送达挂牌企业并送交中国证券登记结算有限责任公司（以下简称"中国结算"）和持续督导券商。

以非现金资产认购股票的情形，尚未完成相关资产权属过户或相关资产存在重大法律瑕疵的，全国股份转让系统公司不予出具股份登记函。

2.《股转公司股票发行业务指南》

一、原则性规定

(一)适用范围

挂牌企业向符合规定的投资者发行股票,发行后股东人数累计不超过200人的,向全国中小企业股份转让系统有限责任公司(以下简称"全国股份转让系统公司")履行事后备案程序,以及按规定股票发行经中国证监会核准的公司,申请办理股票挂牌手续,适用本指南的规定。

前款所称的"发行后股东人数累计不超过200人",是指股票发行方案确定或预计的新增股东人数(或新增股东人数上限)与审议本次股票发行的股东大会规定的股权登记日(以下简称"股权登记日")在册股东人数之和不超过200人。

(二)现有股东的认定标准

本次股票发行安排现有股东优先认购,或者本次股票发行方案的发行对象或发行对象范围包括现有股东的,现有股东是指股权登记日的在册股东。

(三)路演与询价

采用询价发行的,挂牌企业和持续督导券商可以进行路演,并按照股票发行方案确定的发行对象范围,向符合投资者适当性规定的特定投资者发送认购邀请书。

挂牌企业及持续督导券商应当在认购邀请书约定的时间内接收询价对象的申购报价。

在申购报价结束后,挂牌企业与持续督导券商按照《业务细则》的规定,协商确定发行对象、发行价格和发行股数。

(四)募集资金使用

挂牌企业在取得股份登记函之前,不得使用本次股票发行募集的资金。

二、业务流程

(一) 决议

1. 董事会与股东大会决议

挂牌企业董事会、股东大会应当对股票发行等事项作出决议。董事会、股东大会表决应当执行公司章程规定的表决权回避制度。

2. 股票发行方案重大调整的认定标准

《业务细则》规定的对股票发行方案作出重大调整,是指以下两种情形：

(1) 发行对象名称(现有股东除外)、认购价格、认购数量或数量上限、现有股东优先认购办法的调整；

(2) 发行对象范围、发行价格区间、发行价格确定办法、发行数量或数量上限的调整。

(二) 发行与认购

1. 发行方式

董事会决议确定具体发行对象的,挂牌企业应当按照股票发行方案和认购合同的约定发行股票。

董事会决议未确定具体发行对象的,可以通过询价确定发行对象、发行价格和发行股数。

2. 披露认购公告

挂牌企业最迟应当在缴款起始日前的两个转让日披露股票发行认购公告。

本次股票发行如有优先认购安排的,认购公告中还应披露现有股东的优先认购安排。公司章程已约定不安排优先认购或全体现有股东在发行前放弃优先认购的,也应予以专门说明。

优先认购安排包括但不限于以下内容：

(1) 现有股东在本次发行前放弃优先认购的情况(如有)；

(2) 现有股东优先认购的缴款期限和缴款方式；

(3) 现有股东放弃优先认购股份的处理方式。

3. 认购与缴款

发行对象可用现金、非现金资产,以及同时以非现金资产和现金认购发行股票。

参与认购的投资者和现有股东应按照认购公告和认购合同的约定,在缴款期内进行缴款认购。

(三)验资

认购完成后,挂牌企业应当按照相关规定,办理验资手续。

(四)提交文件

挂牌企业应当在股票发行验资完成后的10个转让日内,向全国股份转让系统公司接收申请材料的服务窗口(北京市西城区金融大街丁26号金阳大厦南门)报送以下文件。

办理豁免申请核准的股票发行备案,公司应当提交附件1规定的文件。

股票发行经中国证监会核准的,公司申请办理股票挂牌手续,应当提交附件2规定的文件。

经接收服务窗口人员核对,确认提交的文件齐备后,向公司出具《材料接收确认单》。文件一经接收,未经全国股份转让系统公司同意,不得变更或撤回。

(五)材料审查

全国股份转让系统公司对提交的文件进行审查。如发现问题将通过电子邮件(feedback@neeq.org.cn)向持续督导券商发送问题清单。

持续督导券商应协助公司落实问题清单中的问题,并在收到问题清单后的10个转让日内将对问题清单的回复发送至feedback@neeq.org.cn。

全国股份转让系统公司在备案审查过程中,发现公司、持续督导券商、律师事务所及其他证券服务机构有需要补充披露或说明的情形,可以要求其提供补充材料或进行补充披露。

(六)出具股份登记函

全国股份转让系统公司对文件审查后出具股份登记函,送达公司并送交中国证券登记结算有限责任公司（以下简称"中国结算"）和持续督导券商。

（七）披露相关公告并办理股份登记

公司按照中国结算发布的《全国中小企业股份转让系统股份登记结算业务指南》的要求向中国结算申请办理股份登记。

公司办理股份登记前，应与中国结算协商确定股票发行情况报告书和本次登记股份的挂牌转让公告的披露日；豁免申请核准的挂牌企业还应当同时披露股票发行法律意见书和持续督导券商关于股票发行合法合规性意见。挂牌转让公告应当明确本次登记股份的转让日，并符合中国结算的有关规定。

挂牌转让公告披露后，中国结算进行股份登记并出具股份登记证明文件。

（八）公开转让

完成股份登记后，本次股票发行中无限售条件和无锁定承诺的股份按照挂牌转让公告中安排的时间在全国股份转让系统公开转让。

三、以非现金资产认购股份的特别规定

（一）以非现金资产认购股票，董事会应当在发行方案中对资产定价合理性进行讨论与分析。

（二）以股权资产认购的，股权资产应当经过具有证券、期货等相关业务资格的会计师事务所审计；以非股权资产认购的，非股权资产应当经过具有证券、期货等相关业务资格的资产评估机构评估。

（三）以资产评估结果作为定价依据的，应当出具有证券、期货等相关业务资格的资产评估机构出具评估报告。

（四）以非现金资产认购股票涉及资产审计、评估或者盈利预测的，资产审计结果、评估结果和经具有证券、期货相关业务资格的会计师事务所审核的盈利预测报告应当最晚和召开股东大会的通知同时公告。

3.《挂牌企业股票发行审查要点》

一、第一阶段的审查——股票发行方案披露后的审查要点

编号	审查内容	审查中的关注要点
1.1	董事会通过决议后,就董事会决策程序和决议内容审查	1. 已确定的发行对象应当与公司签署附生效条件的股票认购合同(部分发行对象确定的,已确定的发行对象也应当签署认购合同),并经董事会审议; 2. 董事会应当履行公司章程规定的表决权回避程序;董事会决策程序和决议内容应当符合《公司法》、《非上市公众公司监督管理办法》和《股票发行细则》等有关规定; 3. 对于交易活跃的挂牌企业,在董事会通过股票发行方案后,发布召开审议股票发行方案的股东大会通知时,应当及时查询截止到股东大会股权登记日的股东人数,以判断本次股票发行是否属于发行后股东人数超过200人的情形
2.1	公司名称、证券简称、证券代码;公司的注册地址、联系方式;公司的法定代表人、董事会秘书或信息披露负责人	审查有无这些基本信息
2.2	发行目的	审查有无这些基本信息
2.3	发行对象或发行对象的范围,以及现有股东的优先认购安排	1. 股票发行确定对象的,应介绍新增发行对象基本情况,并说明是否存在关联关系; 2. 以现金认购发行股票的,现有股东在同等条件下对发行的股票享有优先认购权,除非公司章程另有规定(现有股东是指召开股东大会股权登记日的在册股东); 3. 排除适用优先认购的表述应当合规、清楚; 4. 发行对象为券商的,应当明确是否为做市库存股;

续表

编号	审查内容	审查中的关注要点
2.4	发行价格或价格区间,以及定价方法	1. 结合发行价格初步判定可能适用股份支付的,应当提醒持续督导券商做好股份支付的说明; 2. 发行价格不确定的,应当明确价格区间,包括价格的上限和下限
2.5	发行股份数量或数量上限,预计募集资金总额	1. 发行价格与发行股份数量的乘积应该为预计募集资金总额; 2. 发行价格区间与发行股份数量上限的乘积应该与预计募集资金总额对应
2.6	在董事会决议日至股份认购股权登记日期间预计将发生除权、除息的,是否已说明发行数量和发行价格是否相应调整;以及公司挂牌以来的分红派息、转增股本及其对公司价格的影响	公司股票发行期间涉及利润分配的,关注该部分的表述与利润分配方案的表述是否一致
2.7	本次发行股票的限售安排或发行对象自愿锁定的承诺	1. 董监高认购股份的应当按照《公司法》的规定进行限售; 2. 如果有自愿限售安排的,应当说明自愿锁定的承诺,并应当提醒持续督导券商提交备案材料时一并提交自愿限售申请文件; 3. 无限售安排的也需要进行说明
2.8	募集资金用途	审查有无这些基本信息
2.9	本次发行前滚存未分配利润的处置方案	审查有无这些基本信息
2.10	本次发行拟提交股东大会批准和授权的相关事项	审查有无这些基本信息

续表

编号	审查内容	审查中的关注要点
2.11	本次发行涉及主管部门审批、核准或备案事项情况	审查有无这些基本信息
2.12	公司与控股股东及其关联人之间的业务关系、管理关系、关联交易及同业竞争等变化情况	审查有无这些基本信息
2.13	本次发行对其他股东权益或其他类别股东权益的影响	审查有无这些基本信息
2.14	与本次发行相关特有风险的说明	审查有无这些基本信息
2.15	合同主体、签订时间	审查有无这些基本信息
2.16	认购方式、支付方式	审查有无这些基本信息
2.17	合同的生效条件和生效时间	审查有无这些基本信息
2.18	合同附带的任何保留条款、前置条件	合同附带的任何保留条款、前置条件都应当披露
2.19	自愿限售安排	自愿限售的安排是否与股票发行方案中的一致
2.20	估值调整条款	1. 挂牌企业不能参与对赌； 2. 如果涉及对赌,对赌条款应当披露清楚； 3. 对赌条款不能违反相关法律法规的规定
2.21	违约责任条款	审查有无这些基本信息
2.22	是否存在公司的权益被股东及其关联方严重损害且尚未消除的情形	审查有无这些基本信息

续表

编号	审查内容	审查中的关注要点
2.23	是否存在公司及其附属公司违规对外提供担保且尚未解除的情形	审查有无这些基本信息
2.24	是否存在现任董事、监事、高级管理人员最近24个月内受到过中国证监会行政处罚,或者最近12个月内受到过全国股份转让系统公司公开谴责的情形	审查有无这些基本信息
2.25	是否存在其他严重损害股东合法权益或者社会公共利益的情形	审查有无这些基本信息

结　　论

迅猛发展的新三板市场已成为支持中小微企业的重要力量，其呈现的新业态已充分反映了中国"新常态"背景下经济时代的特征。但违法违规行为的出现，难免会克减市场对投资者的吸引力。因此，为促进新三板市场规范发展，有必要对违法违规行为进行梳理和分析，用以警示挂牌企业或拟挂牌企业，减少市场违法违规现象的发生。

目前，违法违规现象主要集中在信息披露违规、操纵市场、大股东违法减持、财务造假、控股股东违规占用公司资金、违规使用募集资金等几方面。因此，新三板市场需要对这些容易出现违法违规行为的地方进行重点监管，强化持续督导券商对挂牌企业的督导，加强挂牌企业的守法意识，才能有助于减少整个新三板违法违规行为频生的现象。

(1) 新三板市场的业务规则有待完善和细化

由于新三板市场成立和发展时间较短，从现实情况来看，当前各项业务规则的设计还有进一步完善的空间。业务规则是市场主体在新三板市场中进行操作的重要指引，应当涵盖市场全部违规行为类型，并且充分细化相关的具体义务性要求，实现违规认定的有据可循。但是，目前新三板市场的业务规则义务性规范存在两方面问题：一是部分义务规范缺失，导致某些行为虽然不合理，但难以在业务规则中找到其违规依据，例如目前比较突出的挂牌企业关联方资金占用，就缺乏公司治理方面的相关规定；二是部分义务规范需要进一步细化，以明确违规认定的标准。

目前违规处理中，存在违规认定的原则化问题，即适用各业务规则总则部分的原则性规定偏多，而缺乏具体的细节规范和明确的处罚措施。如做市商将拟做市股票通过自营账户分销给利益相关者，可能涉嫌利益输送,但业务规则仅禁止利益输送而未明确何种条件构成利益输送,导致相关行为性质难以认定。所以,为了贯彻规则监管理念,明确市场主体预期,应当完善并细化业务规则中的义务性规范,避免适用原则性规定作为违规行为认定依据。

(2) 违规处理措施的设置科学性有待提升

有关违规处理措施的规定主要体现在基本业务规则中,包括自律监管措施和纪律处分两大类,二者又根据处罚力度的不同细分为多个具体措施。

违规处理措施相关规定存在以下问题:

一是自律监管措施的内涵与上位法不统一。《非上市公众公司监督管理办法》规定股转公司对违法违规行为主体可采取自律管理措施,《全国中小企业股份转让系统有限责任公司管理暂行办法》规定股转公司对违法违规行为主体可采取自律监管措施,而新三板市场基本业务规则规定股转公司可采取自律监管措施和纪律处分,该"自律监管措施"的内涵就小于上位法中的"自律监管措施"或"自律管理措施"。

二是没有明确违规处理措施中"违规"本质,将本应属于日常管理的手段(如要求市场主体提交解释、说明等)纳入违规处理措施中,使得违规处理的性质定位不清,并导致业务部门实践运用的混乱。

三是目前新三板市场是参考交易所做法,将违规处理措施分为自律监管措施和纪律处分,但此区分缺乏理论依据,没有形成清晰的法律位阶,现有规则也未明确二者在性质等方面存在什么区别。

四是违规处理措施的种类有待丰富。目前自律监管措施主要是行为罚和声誉罚,财产罚的情形较为少见。相对财产罚的手段而言,行为罚和声誉罚较轻,导致违法违规成本较低,这也是违规现象频生的根本原因之一。

五是违规处理与其他业务衔接不足,违规处理的负面评价难以对市场参与主体的发行融资等行为产生不利影响,使得部分市场参与主体对接受违规处理重视程度不够,违规处理的警示效果较差。

(3) 违规行为与具体处理措施之间的对应关系需要更明确

建立违规行为与处理措施之间的明确对应,是实现规则监管的前提。但目前的违法违规行为与机构监管、自律监管主体的处理措施之间的对应关系仍不够明确,未能很好地起到警示市场的作用。

对于证监会监管部分,没有具体的参照标准可以看出违法违规行为及其对应的措施之间的关联度。股转公司的自律监管也是一样,股转公司部分业务规则仅规定"违反本规则的,股转公司有权采取自律监管措施或纪律处分",或者笼统规定针对相关违规行为可采取约见谈话、出具警示函等各类自律监管措施,而未能细化违规行为与处理措施之间的对应关系,导致违规处理标准不统一,出现同类违规行为处罚力度不一的问题,容易引起市场参与主体的质疑与抵触,有损股转公司等自律管理的公信力。

(4) 违规行为的处罚力度过轻

目前,对新三板市场的违法违规行为的处罚都偏轻,没有达到应有的警示效果。除了证监会的处罚力度较大,其他的自律监管等处罚对于违法违规主体产生的影响不足以对市场产生震慑作用。

在一些操纵市场行为中,如大股东操纵股价获利、市场投资者通过协议转让出现"天价股"等情况下,证监会介入监管并对当事人开出较大罚单,但除此之外,其他的监管就属于对违规行为的"从轻发落"了。

从股转公司的调研结果来看,目前对违法违规主体的处罚主要有三个特征:一是实施处罚的总数少,除异常转让处理外,对市场参与主体实施违规处理共计 223 次,2014 年、2015 年和 2016 年(以截止 2016 年 4 月 30 日数据估算)违规处理与同期挂牌企业总数的比例分别为 1.7%、2.3%、3.4%;二是实施处罚力度重的自律监管措施少,比如责令改正、暂停解除限售、暂不受理文件、限制证券账户交易等几类力度较重的处罚类型,上述措施仅实施 14 次(截止 2016 年 4 月);三是实施纪律处分少,从市场成立到 2016 年 4 月底共计 3 年多内,仅实施纪律处分 11 次,适用数量及频率与市场规模及违规行为数量极不匹配。

(5) 强化对挂牌企业的教育指导

在新三板违法违规案例中,有相当数量的信息披露等违规行为的根本原因是挂牌企业对市场的披露规则不熟悉,导致了该披露的信息没有披露,或者是没有按照法律法规规定的时间要求披露且缺少相关说明。由于新三板公司大都是中小企业,其挂牌申请工作与IPO上市相比程序要简单许多,导致了很多挂牌企业的公司章程及管理制度不完善。此外,持续督导费用偏低,很多券商都不愿意承揽相关业务,也进一步加深了挂牌企业所存在的制度问题。

所以,监管机构应当在强化挂牌企业教育指导方面,与督导券商等中介机构以及自律监管组织等开展合作,推动挂牌企业合法合规运作,减少市场中的违法违规现象,促进新三板市场的规范化运行,从而提升整个市场的质量,更好地推动我国多层次资本市场建设。

证监会可以定期或不定期发布相关案例,将新三板市场中的重点违规行为进行核查并披露,对市场形成一定警戒作用;股转公司可以进一步完善和细化相关制度规范,同时增强对挂牌企业的监控强度;证券业协会和上市公司协会等行业自律组织可以组织挂牌企业高管培训,以及挂牌企业之间定期和不定期的交流,促进挂牌企业对新三板市场的全面了解;督导券商等中介机构应加强对挂牌企业在资本市场运作的核查和指导,协助挂牌企业更加规范运作,为挂牌企业依法合规参与市场提供保障。

参 考 文 献

[1] Elena Schwieger. Redefining the Private Placement Market After Sarbanes Oxley：NASDAQ's Portal and Rule 144[J]. Catholic University Law Review，2008.

[2] http：//www. finra. org/web/groups/rules_regs/documents/notice_to_members/p004544. pdf. NASD，Notice to Members 99-15[OL].

[3] Onnig H. Dombalagian. Demythologizing the Stock Exchange：Reconciling Self-Regulation and the National Market System[J]. University of Richmond Law Review，May 2005.

[4] SEC Handbook. Securities Act of 1933 with Selected Statutes[J]. Rules and Forms(Volume 1)，RR Donnelley，2008.

[5] 北京市道可特律师事务所. 直击新三板(第二版)[M]. 北京：中信出版社，2015.

[6] 曾慧敏. 美国证券市场分层结构功能与借鉴[J]. 中央财经大学学报，2013(8)：37-47.

[7] 高伟. 美国纳斯达克证券市场发展研究[D]. 长春：吉林大学，2004.

[8] 桂浩明."新三板"大发展还需政策支持[R]. 申银万国研究，2011.

[9] 李筱璇. 做市商开启中国资本市场新时代(新三板季报第6期)[R]. 申万宏源证券，2014，10.

[10] 申银万国证券股份有限公司博士后科研工作站. 经济转型与监管转型背景下资本市场如何支持中小企业发展[R]. 2014.

[11] 张艳. 美国场外证券交易市场的发展经验与借鉴[J]. 特区经济，2009(12)：90-92.

[12] 张媛，伍艳艳. 注册制实施加速，新三板影响力不褪色[R]. 民生证券，2015. 12.

[13] 中国证监会. 关于进一步推进中国中小企业股份转让系统发展的若干意见[Z]. 2015.

[14] 中国证券业协会场外市场管理部.境外场外交易市场介绍[J].中国证券,2011(9):68-72.

[15] 诸海滨.新三板策略:分层及转创业板试点能为新三板带来什么[R].安信证券,2015.

[16] 2016年上半年,新三板募集资金使用违规和信息披露违规仍是重灾区[EB/OL].http://chuansong.me/n/441063048688,2016-07-18.

[17] 北京青年报.25位新三板董秘的"信披"烦恼[EB/OL].http://epaper.ynet.com/html/2015-11/23/content_167298.htm?div=-1,2015-11-23.

[18] 蔡亚茹.先申报后更正,芯能科技被自律监管[EB/OL].http://www.chinaipo.com/news/19113.html,2016-07-20.

[19] 柴刚.鑫秋农业财务造假,几方掐架多家金融机构被卷入[EB/OL].http://dianzibao.cb.com.cn/html/2016-08/08/content_51512.htm?div=-1,2016-08-08.

[20] 陈岱松,孔娟娟.曹典军事件揭新三板短板[J].董事会,2014(10):74-75.

[21] 程丹.多项信披违规,新三板企业可来博受处分[EB/OL].http://finance.ifeng.com/a/20150212/13499136_0.shtml,2015-0212.

[22] 程丹.泰谷生物董事长违规占用资金被纪律处分[EB/OL].证券时报网 http://kuaixun.stcn.com/2014/0811/11631580.shtml,2014-08-11.

[23] 傅嘉.奥美格披露大股东违规交易详情,称将加强内部监管[EB/OL].http://stock.jrj.com.cn/2015/05/04175719179613.shtml,2015-05-04.

[24] 谷枫,莫晓潇.占款问题遭遇监管持续高压,多家新三板企业被责令改正[EB/OL].http://finance.sina.com.cn/roll/2016-04-07/doc-ifxqxqmf4177151.shtml,2016-04-07.

[25] 海格物流信披违规遭处罚成三板首例行政处罚[EB/OL].http://stock.eastmoney.com/news/1614,20160506621332161.html,2016-05-06.

[26] 新三板信息披露违规处罚案例[EB/OL].http://qoofan.com/read/WnBdPLyOGx.html,2015-07-09.

[27] 海斯比违规使用募集资金被罚[EB/OL].和讯网 http://funds.hexun.com/2016-06-17/184458369.html,2016-06-17.

[28] 韩迅.新三板首现大股东违规占款,凌志环保遭整改[EB/OL].http://www.kaixian.tv/gd/2015/1223/402396.html,2015-12-232015-12-23.

[29] 何晓晴.新三板最严募资新规影响发酵,14家公司被券商连夜提示风险[EB/

OL]. http://finance. sina. com. cn/roll/2016-08-11/doc-ifxuxhas1526177. shtml,2016-08-11.

[30] 何勇. 合计处罚120万,新三板大股东违法减持第一案诞生[EB/OL]. http://www. x3bf. com/essay/201511/2871,2015-11-06.

[31] 侯捷宁,左永刚. 证监会:新三板主板违法违规案件执法标准一样[EB/OL]. 证券日报 http://finance. sina. com. cn/stock/thirdmarket/20151107/051923704161. shtml,2015-11-07.

[32] 解读新三板. 时空客董事长自首震惊新三板圈,关联占款成高危雷区[EB/OL]. http://www. jiemian. com/article/651217. html,2016-05-16.

[33] 金洋新材总经理桂贤友因违规交易遭股转处罚[EB/OL]. http://sbsc. stock. cnfol. com/xsbyw/20160831/23392162. shtml,2016-08-31.

[34] 寇佳丽. 如何防范新三板违法违规[J]. 经济,2015(7):84-86.

[35] 李继远. 鑫秋农业陷财务造假漩涡:董事长涉嫌虚增利润[EB/OL]. http://finance. sina. com. cn/stock/thirdmarket/2016-07-21/doc-ifxuhukz0717877. shtml,2016-07-21.

[36] 李明珠. 中科招商信披违规警醒PE,监管或趋严[EB/OL]. http://news. stcn. com/2015/1118/12481050. shtml,2015-11-18.

[37] 李鹏. 募集资金被占用,河南两家新三板企业被实施监管措施[EB/OL]. http://finance. ifeng. com/a/20160407/14310496_0. shtml,2016-04-07.

[38] 李云琦. 伯朗特董事长尹荣造微信披露信息与公告不一致被罚[EB/OL]. http://www. wabei. cn/p/201605/1582298. html,2016-05-12.

[39] 两违法减持大股东面临罚款[EB/OL]. 福州日报 http://finance. china. com. cn/stock/zqyw/20151107/3430345. shtml,2015-11-07.

[40] 莫被高价晃了眼,新三板交易惊现"中山帮"[EB/OL]. 证券时报 http://finance. ifeng. com/a/20150328/13590159_0. shtml,2015-03-28.

[41] 祁豆豆. 实控人占用资金未及时披露,四家新三板公司遭监管关注[EB/OL]. 中国证券网 http://company. cnstock. com/company/scp_dsy/tcsy_rdgs/201604/3756634. htm,2016-04-06.

[42] 全国中小企业股份转让系统监管公告:自律监管措施信息表,http://www. neeq. com. cn/disclosure/supervise. html,2016-05-06.

[43] 券商中国. 新三板五大奇葩公司董事挪用过亿公款玩失联[EB/OL]. http://stock. sohu. com/20160516/n449632132. shtml,2016-05-16.

[44] 陕西证监局. 全国新三板挂牌企业违规问题汇总[EB/OL]. http://www. csrc. gov. cn/pub/shanxidong/xxfw/tzzsyd/201509/t20150922_284202. htm,2015-09-22.

[45] 唐茗熙. 新三板博富科技原监事违规转让限售股被证监会约谈[EB/OL]. http://stock. hexun. com/2016-05-13/183848939. html,2016-05-13.

[46] 王凡,张翠雨,吕岩. 新三板挂牌企业信息披露违规案例分析[EB/OL]. 财融圈. http://www. cairongquan. com/ganhuo_show. aspx? id－20169,2015-9-16.

[47] 王砚丹. 新三板监管风暴正劲,中海阳控股股东操纵股价被重罚[EB/OL]. http://finance. ifeng. com/a/20160111/14159610_0. shtml,2016-01-11.

[48] 望湘园:关于关联方占用公司资金的自查报告[EB/OL]. http://sbsc. stock. cnfol. com/gongsigonggao/20160422/22626826. shtml,2016-04-22.

[49] 微信公众号:读懂新三板. 中科招商董事长单祥双接受证监会调查,涉信披违规[EB/OL]. http://stock. sohu. com/20151118/n426794861. shtml,2015-11-18.

[50] 微信公众号:新三板府. 从中科招商信批违规被批评看新三板挂牌企业监管[EB/OL]. 2015-11-18.

[51] 梧桐龙良. 新三板定增频现"意外",有些企业连规则都没搞懂[EB/OL]. http://mp. weixin. qq. com/s?__biz=MjM5MDMzMjU1OA==&mid=2656608014&idx=3&sn=c07f0153493e43c15c1e001299edf39f,2016-06-03.

[52] 梧桐晓. 违规使用发行募集的资金,海斯比董事长、董秘被"双规"谈话[EB/OL]. http://www. aiweibang. com/yuedu/125148856. html,2016-06-16.

[53] 协力徐州律所. 新三板挂牌企业违规现象频出,6类违规值得警醒[EB/OL]. http://qoofan. com/read/YlP1q0z2GQ. html,2016-01-05.

[54] 辛颖. 新三板监管信号[J]. 法人,2014(9):78-80.

[55] 新三板异常报价、操纵市场违规违法案例简析[EB/OL]. 新华网 http://finance. sina. com. cn/roll/2016-01-27/doc-ifxnuvxe8469948. shtml,2016-01-27.

[56] 新浪财经. 首张新三板罚单:国贸酝领大股东操纵股价被罚80万[EB/OL]. http://finance. ce. cn/rolling/201511/01/t20151101_6866154. shtml,2015-11-01.

[57] 新浪财经.新三板首例财务造假曝光,两手段虚增利润 1.3 亿元[EB/OL]. http://www.cs.com.cn/ssgs/ssb/201606/t20160601_4982164.html,2016-06-01.

[58] 新三板府.股转系统连发 5 份监管函伯朗特披露信息与公告不符[EB/OL]. http://x3bf.baijia.baidu.com/article/449995,2016-05-12.

[59] 新三板府.新三板首例财务造假! 虚增利润 1.29 亿被罚 60 万[EB/OL]. http://x3bf.baijia.baidu.com/article/480065,2016-06-01.

[60] 新三板如何防止做市商对价格的操纵[EB/OL].法律快车 http://www.lawtime.cn/info/xinsanban/zhuanrang/201506183321448.html,2015-06-18.

[61] 邢会强.新三板挂牌企业的定增过程中典型违法违规行为[J].国际融资,2016(9).

[62] 邢会强.新三板挂牌过程中常见信息披露违法违规行为[J].国际融资,2016(6).

[63] 则金投资.2015 年全国新三板挂牌企业违规问题汇总[EB/OL]. http://mp.weixin.qq.com/s?__biz=MzA5ODQ4NDcxMQ==&mid=400989466&idx=3&sn=6adafd5c7121c3cf985fc626ccb2a857&3rd=MzA3MDU4NTYzMw==&scene=6#rd,2015-12-24.

[64] 证券时报.因操纵市场,新三板"中山帮"被证监会处罚[EB/OL]. http://www.sac.net.cn/tzzyd/zxsd/wqbh/201512/t20151207_126666.html,2015-12-07.

[65] 中国经济网.信披、募资使用违规 28 家新三板公司被罚[EB/OL]. http://finance.ce.cn/rolling/201508/21/t20150821_6280751.shtml,2015-08-21.

[66] 钟国斌.证监会通报新三板违法案[EB/OL].深圳商报,http://szsb.sznews.com/html/2015-11-07/content_3380406.htm,2015-11-07.